AF496141

MÉMOIRES

D'UN

FROTTEUR.

— CORBEIL, IMPRIMERIE DE CRÉTÉ. —

MÉMOIRES

D'UN FROTTEUR,

SUR

LA COUR DE LOUIS XVIII ET DE CHARLES X,

Revus par son fils l'Avocat,

ET RÉDIGÉS

PAR G. TOUCHARD LAFOSSE,

Auteur des *Chroniques des Tuileries et du Luxembourg,* des *Réverbères, chroniques de nuit du vieux et du nouveau Paris,* de *Marthe la Livonienne,* de *Rodolphe, ou à moi la fortune,* etc.

« J'ai écouté aux portes, de mon temps, et j'ai fait ces mémoires. »

Le Frotteur.

PARIS,

CHARLES LACHAPELLE, ÉDITEUR,

RUE SAINT-JACQUES, 75.

1839.

CHAPITRE I.

M. Vernier. — Élan passionné de patriotisme. — L'amour paternel. — Traits d'esprit du jeune duc de Bordeaux. — La corbeille des papiers de rebut. — De l'influence des spectacles sur l'éducation des princes. — La petite redingotte bleue. — Conte pour l'amusement du duc de Bordeaux. — Petite récréation à l'usage des enfans de France.

J'ai connu un honnête vieillard, possesseur d'une centaine de mille livres de rente, et qui, malgré ses ferventes prières, malgré bon nombre de pèlerinages faits par sa femme à je ne sais combien de saints et de saintes, n'avait pu devenir père à l'âge de cinquante-cinq ans. Il n'hésitait point à déclarer que c'était assurément la faute de madame; prétendant que, volontaire dans l'armée de Dumouriez, lorsqu'elle entra en Belgique, il avait, par droit de conquête, donné alors des preuves irrécusables d'aptitude paternelle. En 1814, ce vieillard désespérait de voir sa couche féconde, quoiqu'il eût pour compagne une brune, puissante de complexion, et qui n'avouait encore que trente-deux ans.... En admettant une fraude de quelques années, on ne demeurait pas moins convaincu, lorsqu'on voyait cette mûre beauté, que dans la stérilité de son ménage, la cause masculine devait être plus suspectée de défaillance que la cause féminine : pourtant on n'en était pas sûr. Les irrésolutions de l'opinion furent fixées, à cet égard, quelques mois après l'invasion de 1814. M. Vernier (ainsi se nommait mon vieillard) habitait une terre à quelques lieues de Paris; on logea chez lui deux ou trois officiers russes pendant le séjour des alliés en France. Or, le patriotisme de cet excellent Français et de sa femme fut si sincère, il se concentra dans une indignation si passionnée, que la double nature du ménage Vernier acquit un ressort qui lui avait manqué jusqu'alors. Madame accoucha, dans les premiers jours de janvier 1815, d'un gros garçon. Les hôtes étrangers du couple Vernier avaient séjourné dans son château à partir du mois d'avril; on peut juger jusqu'à quel point l'émotion patriotique de madame avait été vive.

Hélas! les grandes douleurs sont quelquefois bien voisines des grandes joies : l'enfant, si long-temps désiré, si patriotiquement obtenu, ne vécut pas. Sa mère le pleura long-temps; son père le pleure encore au moment où j'écris... Un jour que je frottais dans le salon de M. Vernier, à Paris, le vieillard inconsolable y entra, et, selon l'habitude qui chez lui était devenue une sorte de monomanie, il me parla de son fils.

—Ah! mon cher, s'écria-t-il, quelle perte j'ai faite! Qu'il est cruel d'avoir été père quand on a perdu un pareil enfant...

— Oui, Monsieur, dis-je avec sensibilité pour caresser la douleur de ce brave homme; il est affreux de perdre ses enfans.

—Ah! mais celui-là... quel regard spirituel il avait! que de grace dans les manières! de quelle intelligence il était doué! Non, après une telle perte, toute une vie ne peut suffire à la douleur d'un père.

— Quel âge avait donc monsieur votre fils?

— Hélas! mon cher, il était âgé de six mois.

J'eus la force de ne pas rire au nez de M. Vernier... Les frotteurs entendent tant de choses extraordinaires par le monde, qu'ils acquièrent le pouvoir de se posséder.

Que de fois j'ai songé à ce père, aussi tendre qu'inofficiel, en entendant les gentilshommes attachés à la personne du jeune duc de Bordeaux débitant, à qui mieux mieux, des platitudes autour de son berceau! Ce prince, comme tous les princes du monde, était, au dire de ces messieurs, un prodige d'esprit et de raison, à l'âge où, dans la créature humaine, commence à se développer un instinct infiniment inférieur à celui des herbivores... La vérité est que son altesse royale, parvenue à sa quatrième année, avait des réparties heureuses et quelquefois spirituelles : en voici une qu'eût enviée un philosophe de la Grèce. On demandait un jour au duc de Bordeaux, qui maintes fois avait vu promener la royauté de son grand-oncle, Louis XVIII, sur un fauteuil à roulettes, s'il serait bien content d'être roi. — « Non, répondit l'enfant, j'aime mieux marcher. »

On pourrait citer bon nombre de réparties non moins heureuses attribuées à ce petit-fils de France, et que sa physionomie animée, expressive et mutine confirmait jusqu'à un certain point. Aussi, les hommes du progrès espéraient-ils faire accueillir à Charles X quelques élémens d'instruction libérale, applicables à l'éducation de l'innocente altesse. Le monarque qui, à son avènement au trône, s'était écrié : *Plus de hallebardes !* qui avait supprimé la censure, qui avait envoyé des défenseurs aux Grecs; ce monarque, dis-je, autorisa, quelques mois durant, de populaires espérances, sous l'empire desquelles on se flatta que le jeune héritier du trône serait élevé pour gouverner la nation, non pour la posséder. Mais l'erreur fut de courte durée : elle prit fin dès qu'on sut que l'éducation du prince était confiée au duc de Rivière et à l'évêque Tharin.

Les philosophes du temps continuèrent pourtant d'envoyer au château de petites compositions instructives et morales, arrangées avec variations, et qui pouvaient servir également à l'instruction du jeune duc et à celle du vieux souverain... Savez-vous ce que tout cela devenait? je vais vous le dire. Chaque matin, lorsque je frottais le cabinet du roi, il entrait dans mes attributions d'enlever ce que je trouvais de papiers *réformés* dans la corbeille placée près du bureau de sa Majesté. Or, il m'arriva souvent d'y trouver de gentils cahiers écrits sur papier à tranche dorée, et qui étaient encore roulés sous un lien de faveur rose ou verte... Il y avait beaucoup à parier que l'écrit ainsi jeté au rebut, dans toute sa virginité, était empreint de libéralisme... J'ai recueilli religieusement plusieurs de ces cahiers; je vais mettre le contenu de quelques uns sous les yeux de mes lecteurs. Un de ceux qui me parurent le plus largement pensés était intitulé : *De l'influence des spectacles sur l'éducation des princes;* il est probable qu'il fut inspiré à l'auteur, dont le nom est resté inconnu, par une controverse soulevée à propos de cette question : « Est-il convenable que les princes appelés à régner fréquentent le théâtre, et la morale qu'on y expose peut-elle leur être profitable ou nuisible? » L'écrivain anonyme résolvait ainsi cette question importante :

« L'éducation bien entendue se compose essentiellement des connaissances et des vertus que les hommes doivent posséder pour remplir avec honneur la tâche sociale qui leur est départie. Les riches, dont l'existence renferme plus de plaisirs que de soins; les grands, que le hasard de la naissance environne de tant de prérogatives; les princes, ces dieux de la terre, élevés au dessus des peuples pour veiller à leur prospérité; tous les mortels enfin ont à faire des études propres, spéciales, et, si je puis m'exprimer ainsi, inhérentes à la condition qu'ils tiennent de la fortune.

« Dans ces nécessités respectives, les obligations des princes sont grandes; car ce n'est pas seulement pour jouir de la puissance qu'ils en sont investis. Dieu, exemple éternel des dominations d'ici-bas, reçoit les hommages du monde, mais tous les bienfaits émanent de sa divinité. Les obligations des princes sont grandes, ai-je dit, et la preuve de cette assertion découlera d'un rapide examen. Au pied du trône aboutissent tous les intérêts; les princes sont munis du prisme où viennent se projeter toutes les passions; mais elles ne s'y rencontrent jamais sous leurs vraies couleurs. C'est donc à les reconnaître, revêtues de ces nuances mensongères, c'est à se défendre des illusions répandues sur la carrière brillante qu'ils parcourent, que ces personnages éminens doivent consacrer leur jeunesse.

« Mais où les princes puiseront-ils la connaissance des hommes? Sera-ce dans l'histoire? on la dénature pour eux. Dans les philosophes, les moralistes, les poètes? on les leur cache. Dans les relations sociales? ils ne voient que des flatteurs. Sera-ce au théâtre? oui, sans doute... Là surtout les néophites du pouvoir suprême étudieront avec fruit le jeu de ces machines pensantes, dont les ressorts doivent se mouvoir un jour sous leur main.

En effet, quelle école pour les grands de la terre que ces jeux moraux où Shakespeare, Corneille, Racine, Voltaire, après Sophocle et Euripide, ont montré l'humanité plus faible encore sous la pourpre que sous la bure! Quelle imposante leçon offrent ces catastrophes, où l'histoire, mise en action, révèle des passions d'autant plus impétueuses qu'elles sont environnées de plus d'éclat, et le vice d'autant plus hideux qu'il se promet plus d'impunité. Mais, à côté de ces funestes effets d'une puissance effrénée, que de beaux exemples à suivre! quel prince, doué d'une ame forte, d'un caractère généreux, n'admirera la terrible abnégation du vieux Brutus, l'héroïque dévoûment de Régulus, la clémence d'Auguste et de Trajan, la bonté éclairée de Titus, d'Antonin, de Marc-Aurèle!... Et la scène moins austère sur laquelle viennent se réfléchir, dans un miroir à mille facettes, les travers du monde, qui peut en avoir fermé l'accès aux hommes que le destin appele à régir les États, à gouverner cette société qu'ils ont tant d'intérêt de juger telle qu'elle est! craint-on qu'ils ne se familiarisent avec le masque de Thalie, jusqu'au point de reconnaître à la ville les acteurs perpétuels qui s'en couvrent? craint-on que la fidélité du portrait de Tartufe ne soit constatée au sein des cours?

« Le théâtre, disent certains casuistes qui ont leurs raisons pour entendre la morale autrement que les philosophes, le théâtre est une école de scandale et de perversité : arrêtons-nous un moment à cette proposition. En supposant qu'il fût scandaleux de retracer les travers, il resterait à décider si le tableau ne doit pas, en définitive, produire sur les mœurs un résultat heureux. Or, qui osera soutenir la négative? qui refusera de voir que l'hypocrisie, l'orgueil, l'ambition, l'avarice, la bassesse, traînées devant un tribunal satirique, malin et rieur, doivent ensuite rougir, s'amender, ou du moins se cacher? Le scandale de la scène, s'il existe, est donc pour le vice qui s'est reconnu et non pour le moraliste qui l'a observé; et si, comme cela peut arriver, le spectateur est tout à la fois vicieux et observateur, tant mieux ! la leçon profitera plus sûrement... Où trouvera-t-on ici la part de la perversité? Certes, nos travers ne s'enrichiront point des vices livrés au ridicule.

«Mais, vont s'écrier les censeurs encapuchonnés ou dignes de l'être : Et les intrigues amoureuses, les détails voluptueux, comment les justifierez-vous? comment prouverez-vous que ces représentations soient exemptes de danger pour les jeunes princes qui les suivent? Sans répondre à cette question dès long-temps résolue ainsi : « Le théâtre n'offre qu'une image « bien adoucie, bien gazée de ce que l'amour « entreprend dans le monde ; » nous demanderons aux précepteurs des princes si ce fut à la scène que leurs illustres élèves empruntèrent l'usage d'épouser leurs maîtresses de la main gauche? si la muse comique enseigna aux puissances de la terre à faire peser sur les peuples le joug des courtisanes? si le père Lachaise apprit à l'hôtel de Bourgogne à partager avec madame de Maintenon le pouvoir dont ils dépouillèrent de concert un grand roi, que n'éclairait plus la mordante critique de Molière? si le régent puisa dans les représentations théâtrales l'exemple de ses viles saturnales? si l'idée de fonder un *Parc-aux-Cerfs* s'échappa de la marotte que secoue gaîment le poète comique.

« Cessez, croyez-moi, faux moralistes qui ne vous montrez sévères que dans l'intérêt de votre ambition, cessez de prétendre fermer le théâtre aux grands dont l'éducation vous est confiée. Le culte des muses dramatiques ne les pervertira point, si vous savez semer dans leur ame le germe des vertus. Mais si la fausse piété, l'intolérance ultramontaine, l'austérité monacale, la charité conditionnelle, les souvenirs acrimonieux sont la base de l'instruction que vous donnerez aux princes, il est à craindre que l'amour des peuples ne s'attache pas aux qualités qui résulteront d'un tel système; et l'on peut, dans tous les cas, vous assurer que l'estime plublique ne vous en récompensera *jamais!* »

Le cahier contenant ces réflexions avait été déchiré en plusieurs morceaux, que je trouvai froissés par une main qui me sembla avoir obéi à un accès de mauvaise humeur. Dans le même amas de papiers, étaient mêlés les fragmens d'un autre manuscrit qu'il me fut difficile de restaurer, tant les feuillets en avaient été maltraités. Je parvins cependant à rendre lisible ces débris; et, lorsque j'eus parcouru leur ensemble, je ne fus pas surpris qu'il eût déplu à sa majesté Charles X. Ce second écrit était intitulé : *La petite redingote bleue, historiette à mettre dans la bibliothèque d'un roi;* cette historiette offrait une leçon grave : Jugez-en; je copie :

« On vit paraître pour la première fois à Marengo, le 14 juin 1800, une *redingote grise* qui ne sera pas moins célèbre dans l'histoire que l'épée de Brennus : comme ce fer gaulois, elle pesa plus que les trésors, dans la balance des destinées humaines. Sans doute, ce vêtement fut empreint de quelques taches; mais le panache de Henri IV en demeura-t-il pur? La main du temps efface de telles souillures, et la voix des siècles n'a d'accens que pour les grands forfaits ou les actions magnanimes.

« Le renom de *certaine redingote bleue*, dont l'empereur Napoléon se couvrait quelquefois, ne parviendra peut-être pas à la postérité : compagne de l'incognito, elle n'assista qu'à des actions privées, ne favorisa que de secrètes investigations. Mais si la redingote bleue fournit une carrière moins brillante que sa rivale, elle servit davantage les intérêts du peuple.

« Que de fois, dans le mouvement tumultueux des monarchies, les sujets, froissés par les instrumens du pouvoir, se sont écriés avec douleur : *Ah! si le roi le savait!...* Ce cri fut souvent prononcé sous le règne éclatant de l'homme qui revêtait secrètement la redingote bleue, et, grace à elle, il put répondre presque toujours : *Le roi le sait.* Malheureusement, il est des calamités publiques inévitables ; il en existe d'autres dont l'extinction, retardée par de vastes intérêts, doit être difficile et lente. Mais les peuples, confians dans la majesté souveraine, sont déjà soulagés lorsqu'ils peuvent répéter chaque jour : le roi a sa petite redingote bleue ; *le roi le saura...*

« Dans le déménagement intempestif d'une

dynastie, la garde-robe du prince n'est pas ce dont on s'occupe le plus; la redingote bleue de Napoléon fut oubliée au fond d'un cabinet noir. Retrouvée, après quelques mois, par un valet de cour, je ne sais pas au juste de quel rang, elle fut religieusement conservée et montrée d'abord au seuls parens du conservateur, ensuite à ses amis, enfin à des étrangers, comme un objet de haute curiosité. L'admiration a son fanatisme, et ce n'est pas celui qu'il faut condamner le premier : de riches anglais offrirent des sommes considérables du vêtement révéré. L'ancien valet émit des prétentions extravagantes; il savait que le clou auquel Napoléon suspendit son chapeau à la ferme de *Belle-Alliance*, avant la bataille de Waterloo, avait été vendu cent guinées; il ne crut pas trop exiger en demandant trois mille livres sterling d'un objet suivant lui beaucoup plus important. Un pair de l'opposition anglaise allait compter la somme, lorsqu'un allemand, d'un âge mûr, qui se fit reconnaître pour prince souverain, couvrit de deux cents louis l'enchère du mylord. « Votre Seigneurie me pardonnera, lui dit-il avec douceur; vous ne voyez dans ceci qu'une curieuse relique; j'y attache, moi, un tout autre prix. Si, durant vos voyages, vous passez un jour dans ma capitale, venez me voir, mylord, nous reparlerons de mon acquisition, et je vous confierai le résultat du projet que je médite aujourd'hui.» Le seigneur anglais s'inclina, et promit au prince de répondre à l'invitation qu'il lui faisait.

« L'année dernière (1826), l'Anglais arriva dans la jolie capitale d'une principauté située sur les bords du Rhin : il se trouvait à la cour du possesseur de la petite redingote bleue. On se doute bien qu'il se fit présenter. Après le dîner, l'altesse allemande emmena son hôte dans ses jardins, et, assis avec lui sous un berceau de lilas, il prit la parole en ces termes :

« Qu'il sont heureux, mylord, les souverains qui déposent en partie le faix du pouvoir sur une sage représentation !.ils devraient bénir ces constitutions, qui soulagent leur conscience d'une responsabilité terrible encore quand elle est partagée, mais accablante lorsqu'elle pèse de tout son poids sur un seul homme, que tant d'hommes ont intérêt de tromper. Si les peuples savaient combien est glissant le court espace qui sépare le despotisme de la tyrannie, peut-être se montreraient-ils plus indulgens envers les têtes couronnées. Hélas! il est si difficile de s'arrêter à point dans une carrière sans limites! contrôler par ses yeux le témoignage de son oreille, tel est, on le sait depuis long-temps, le but que les rois doivent se proposer; mais, considéré dans toute son intégrité, ce devoir ne serait-il pas le beau idéal de la souveraineté? J'ai lieu de le craindre; toutefois, j'ai voulu, pour mon compte, entreprendre au moins une tâche glorieuse pour celui qui s'y livre, même quand le succès demeure imparfait. Je songeais déjà à l'exécution de ce dessein, lorsque je fis l'acquisition de la redingote bleue que vous savez.

« Assis à ma table, qu'il honorait quelquefois lors de son passage dans mes états, Napoléon m'avait parlé des courses nocturnes qu'il faisait incognito pendant son séjour à Paris; il m'avait signalé une petite porte du château des Tuileries, tournant furtivement sur ses gonds pour donner passage au vainqueur de l'Europe, avant le lever du soleil. Le grand homme s'était peint lui-même, écoutant la critique des carrefours sur son gouvernement; s'associant à la politique matineuse du cabaret, et saisissant le côté moral des saillies grossières, mais spirituelles, des halles sur l'extrême tension du système continental, la stagnation du commerce, le taux excessif des contributions et l'abus de la gloire militaire. Je m'étais égayé de bon cœur, avec le héros, de l'embarras où il s'était trouvé un matin, lorsqu'après avoir pris une tasse de café chez un limonadier de la place où fut la Bastille, lui, souverain, et son grand-maréchal, n'avaient pu acquitter comptant ce modeste déjeuner.

« Résolu de chercher la vérité par les mêmes moyens, je ne laissai pas échapper l'occasion de me procurer une habit dont l'influence pouvait entretenir mon esprit dans ces heureuses dispositions : ce fut pour moi un véritable talisman. Lorsque je me sentais entraîné vers les séductions, l'apathie ou les habitudes voluptueuses, compagnes trop assidues des grandeurs, je courais à mon cabinet, je passais ma redingote bleue, et j'étais à l'instant dominé par l'envie de parcourir secrètement ma capitale et d'étudier les besoins de mes sujets.

« C'est ainsi que je suis parvenu, mylord, à répandre dans mes États un bien-être assez apparent pour que vous ayez pu le remarquer. Les courtisans ont cessé de vouloir m'abuser, parce qu'ils ont bientôt reconnu qu'ils tentaient vainement de le faire. Me parlaient-ils de l'amour du peuple? je leur opposais la censure des tavernes et des marchés; essayaient-ils de me peindre la prospérité du commerce? je leur indiquais les rues où j'avais remarqué, le matin même, des marchandises vendues aux enchères par suite de faillites; cherchaient-ils à me prouver que les contributions se payaient avec facilité? je nommais les contribuables dont j'avais vu traîner les meubles au marché par les agens du fisc; se rabattaientils sur l'extrême douceur du recrutement? j'énumérais les vieillards et les veuves réduits à la mendicité par le départ de leurs fils; enfin, me vantaient-ils la liberté de la pensée? je produisais les noms des fonctionnaires subalternes que je venais de congédier, des officiers que je faisais punir pour avoir tyrannisé les opinions, ou fait briller le sabre sur la tête de mes sujets, qui s'étaient plaints légitimement des fautes de l'administration.

« J'avais aperçu les maux qui esaient sur mon peuple; je travaillai sans relâche à les adoucir. La petite redingote bleue me sert rarement aujourd'hui; mais je la conserve avec respect pour celui de mes enfans qui doit me succéder. Je ne manquerai pas de dire à mon fils en la lui léguant : « Prince, le grand homme qui porta avant moi cet habit le négligea trop; s'il eût endossé plus assidûment la redingote bleue, à l'aide de laquelle il était initié aux plaintes des Français, la redingote grise qu'on vit triompher à Marengo, à Austerlitz, à Jéna, à Wagram, n'aurait jamais tenté l'imprudente conquête de Moscou, et ne serait pas venue, après une désastreuse retraite, se couvrir de la poussière sanglante de Champ-Aubert. »

Pour que S. M. Charles X eût déchiré cette gentille historiette avec colère, il fallait que M. de Latil eût cruellement obscurci le jugement de ce monarque.....Mais son éminence y était essentiellement intéressée : que deviendraient les vérités refaites à l'usage du trône, si l'on n'empêchait pas les souverains de rechercher les *vérités vraies* qu'offre la société?

Parmi les jolis cahiers dorés sur tranche que je trouvai encore, roulés sous une faveur rose, dans la corbeille des papiers mis au rebut par Charles X, le dédain de sa Majesté avait relégué un dialogue des morts, en tête duquel on lisait : *Conte pour l'amusement de son altesse royale monseigneur le duc de Bordeaux*... Ce conte là, ainsi que vous allez pouvoir en juger, n'était pas de M. Bouilly ; je reprends la plume du copiste : « Talma venait de descendre dans la tombe; Franval, l'un de ses plus enthousiastes admirateurs, avait parlé de lui toute la journée ; la nuit suivante, notre grand acteur s'offrit encore en songe à l'imagination de celui qui lui vouait tant d'admiration et de regrets. Voici le rêve que Franval me raconta le lendemain :

« Sur les bords de l'Achéron, et non loin des bosquets toujours verts où se pressent les ombres héroïques d'Achille, de Léonidas, d'Alexandre, d'Annibal, de César, de Turenne, de Frédéric, un guerrier, debout, la main appuyée sur la poignée de son glaive, et les yeux fixés vers le fleuve, cherchait à reconnaître un mortel assis au fond de la barque que le vieux Caron poussait vers la rive élyséenne. Le flot docile s'abaissait sous l'esquif de l'immortel nocher ; déjà le voyageur des régions que le soleil éclaire tendait les bras à celui qui semblait l'attendre ; un sourire effleurait les lèvres décolorées du guerrier ; une vive étincelle brillait dans ses yeux. Caron s'arrête... L'ombre de Talma s'est élancée sur la plage... Napoléon a pressé sur son cœur le grand artiste dont il n'a pas dédaigné de faire son ami, parce que l'esprit de Napoléon était assez élevé pour comprendre que toutes les illustrations sont sœurs.

— « Quoi! c'est vous, Talma, que je vois?

— « Moi-même, Sire. Souffrez que mon respect...

— « Ami, changeons de langage : les rangs, les dignités et la flatterie qu'on leur prodigue, restent sur l'autre rive du fleuve que vous venez de traverser. Chez nous, les hommes ne sont pris que pour ce qu'ils valent intrinsèquement; vous trouverez ici des potentats devant lesquels on s'agenouillait là-haut, et qui sont confondus dans la foule des ombres vulgaires. Appelez-moi *Napoléon;* ce nom a quelque crédit parmi les habitans de ce séjour. Mais par quel évènement arrivez-vous incognito? Je n'ai point entendu ce bruit retentissant, cette artillerie funéraire qui toujours accompagne le départ d'un mortel pour l'éternité... les cloches, en un mot...

— « Chut! ne parlons pas de cela, Sire; j'ai refusé de capituler avec les puissances... Il est juste qu'elles m'aient privé des honneurs de la guerre.

— « Je vous entends... Embrassons-nous encore, et suivez-moi dans ce bosquet, où nous causerons plus à l'aise. Aussi bien, j'aperçois cet écervelé d'Alexandre, qui me parle sans cesse de sa phalange macédonienne, et ce rêveur de César, qu'on ne peut jamais tirer de ses lignes de circonvallation : ces gens-là m'assomment de leur héroïsme de vieille roche. Pendant mon séjour sur la terre, je les admirais sur la foi de leurs historiens; maintenant que je les ai vus de près, je ne me rappelle plus que les *pensums* qu'ils m'ont valus à Brienne.

— « J'aurais cependant voulu voir...

— « César, peut-être?... Eh! mon cher, vous êtes plus romain que lui-même; et sans Tacite...

— « En effet, il a l'air assez commun.

— « Quand je vous le dis... Il lui faudrait deux ans de Conservatoire. Venez.

— « Enfin, j'ai rejoint Votre Majesté; il me tardait de retrouver ses précieuses bontés.

— « Cependant, j'aurais voulu que le destin

vous laissât quelques années encore à la France.

— « Peut-être m'eût-il desservi. Je meurs avec toute ma gloire... et il est si cruel de déchoir !

— « Ah ! vous avez raison... (*profond soupir*) Franchement, vous êtes le seul homme que j'attendisse avec impatience... Les autres, vains fantômes de ce qu'ils furent sous moi, se ressemblent moins à eux-mêmes que les ombres qui nous environnent ne ressemblent aux héros qu'elles représentent. Il n'y a peut-être que vous et moi qui, dans notre carrière respective, ayons bien compris les besoins de notre siècle.

— « Ma modestie doit repousser un tel rapprochement ; vous qui vîtes dix ans l'Europe à vos pieds....

— « Mon théâtre fut plus vaste que le vôtre, il est vrai ; mais chacun de nous fut législateur sur la scène qu'il occupa. J'eus des réformes à faire, des préjugés à soumettre, des partis à combattre, des ambitions à diriger ; n'en fut-il pas ainsi chez vous ?

— « A peu près. Lorsque je saisis le sceptre

de la tragédie, je trouvai tout l'empire envahi par les fausses doctrines, les erreurs, les travers de l'école. La nature était bannie de la scène; l'histoire y était inconnue. Oreste, Œdipe, Mithridate, Auguste, affublés de chiffons, venaient, en scandant les beaux vers de Corneille et de Racine, fatiguer l'oreille des auditeurs, du retour monotone de la rime. Un jeu maniéré, des gestes soumis au calcul d'une étude laborieuse, des cris de tradition, un enthousiasme héréditaire, tel était alors l'art du tragédien. Une restauration était devenue nécessaire; je la tentai.

— « Et vous réussîtes, parce que vous eûtes sur tout ce qui vous environnait le pouvoir que donne la supériorité du génie : il faut dominer pour instruire et corriger.

— « Mes pairs crièrent un moment à la tyrannie; plusieurs d'entre eux se crurent dépossédés, parce que leur droit d'ancienneté leur donnait le pas sur moi.

— « L'ancienneté! c'est la légitimité des sots; vous et moi ne pouvions nous arrêter à une telle considération. Ces vieux révolutionnaires que je trouvai à Saint-Cloud, le 19 brumaire, ne voulurent-ils pas aussi me parler de leur âge, de leurs droits... « J'ai vécu pour la France depuis quatre ans, plus que vous depuis trente, leur répondis-je; et quant à mes droits, regardez autour de vous, ils sont tous dans vos dangers... » Je passai outre.

— « C'est ce que j'ai fait au théâtre, et, d'eux-mêmes, après une concurrence trop inégale, mes prédécesseurs dans la carrière cherchèrent un refuge dans l'obscurité classique du Conservatoire.

— « A cette même époque je releguai dans l'opulente nullité du sénat une centaine de vieux démagogues, un moment têtus. Ils oublièrent bientôt les couleurs de la liberté sous la pourpre qu'ils tenaient de moi, et leur conscience populaire s'endormit doucement au bruit des flots du *pactole* que je fis couler à leur porte.

— Les amours-propres de théâtre ne sont pas aussi dociles : ils murmurèrent vingt ans à mon oreille, et, si je cessai d'avoir des rivaux, j'eus des envieux jusqu'à mon dernier moment.

— « Vous sentez bien que j'en eus aussi ; mais ils dévorèrent, pendant dix ans, leur chagrin, assaisonné de 50,000 écus, ou 200,000 livres de rente... Que regardez-vous donc toujours de ce côté ?

— « Pardon, ombre illustre, mais n'est-ce pas Corneille que j'aperçois dans le bosquet voisin, causant avec un homme en tunique grecque ?

— « C'est lui-même, et ce Grec est Sophocle... Les deux grands tragiques s'entretiennent de votre arrivée en ces lieux ; tenez, voilà Shakespeare, Crébillon, Ducis et Schiller qui les rejoignent : voyez comme ils gesticulent en regardant par ici.

— « Ne serait-il pas convenable que je prisse, auprès d'eux, l'initiative ?

— « Gardez-vous-en bien ; ces hommes célèbres vous doivent plus que vous ne leur devez, et je tiens aux préséances... Maintenant, regardez un peu les trois ombres qui se promènent au milieu des fleurs de ce parterre symétrique : ce sont Euripide, Racine et Legouvé.. ils brûlent aussi de vous embrasser.

— « Et ce grand homme sec, qui semble vouloir se tracer une route au milieu de ces bosquets.

— « C'est Voltaire, et je dois vous dire franchement, mon cher Talma, que ce tragique ne vous cherche pas. Vous étiez l'interprète fidèle de la nature, de l'histoire, de la vérité, et ce n'est pas un talent de ce caractère qui convient aux tragédies d'Arouet. Il s'est fait une nature particulière, une histoire flexible, une vérité coquette; l'art, dans ses ouvrages, doit se plier aux inspirations d'une originalité brillante, d'une philosophie audacieuse. L'auteur de *Mahomet* et de *Zaïre* avait besoin de former un tragédien pour lui; Lekain était son homme, et c'est lui qu'il cherche en ce moment. Mais je vois toute la cour de Melpomène s'avancer vers nous; je ne dois plus vous soustraire à ce juste empressement. D'ailleurs, ajouta le héros en riant, je ne suis point en mesure de soutenir un siége dans ce bosquet, surtout contre des poëtes; nous reprendrons plus tard notre entretien. Allez, Talma, allez recueillir l'hommage de tous les siècles passés; le jour d'une gloire impérissable est arrivé pour vous, et je vous félicite de n'avoir pas à redouter l'atteinte d'un seul regret. »

Je recueillis aussi, près du bureau de sa Majesté, un rouleau, sous faveur verte, que le roi, dans le saint temps de carême où nous entrions, avait heureusement repoussé sans le lire; car, assurément, il se fût irrité du contenu, quelque peu moqueur, de cet écrit, malgré le titre anodin de *Petite récréation à l'usage des enfans de France*. L'auteur, sous la forme d'un conte extrêmement léger, se permettait l'émission d'une leçon bien grave, et je parierais bien qu'il n'avait pas indiqué son adresse en faisant parvenir aux Tuileries sa *petite récréation*, que voici :

« Il est des hommes pour qui le char du temps roule toujours dans la même ornière; les institutions changent, ils sont entraînés dans un système nouveau; mais ils vivent sous l'empire de leurs vieilles habitudes, et vous les voyez, immobiles au milieu d'une civilisation régénérée, attester les mœurs d'une autre époque, comme ces débris de monumens qui parlent à notre siècle des siècles écoulés.

« Je dînais hier chez un de ces immuables, qui, observateur fervent des anciennes solennités du calendrier, se montre surtout fidèle aux fêtes où Comus doit se signaler. Le Réveillon et l'Épiphanie trouvent mon vieux ami à son poste : on peut dire que personne ne possède au même degré que lui la piété de l'estomac.

« Je reconnus chez Blérinval (c'est le nom de mon amphitryon), la société que j'y rencontre tous les ans la veille des Rois : c'étaient toujours les mêmes personnes, se ralliant aux mêmes usages; mais ce n'étaient plus les mêmes figures. Le temps, comme pour donner un démenti à l'immobilité morale de ces convives fidèles, imprimait progressivement à leurs traits les traces de son passage; il fanait la beauté des femmes, blanchissait de plus en plus la tête des hommes; tandis que des convives, naguère enfans, s'enrichissaient de ces années brillantes qui conduisent l'adolescence à la jeunesse, et commençaient à devenir la majorité de la société.

« Suivant la coutume annuelle, on se mit à table avant trois heures ; le maître de la maison, adossé à un grand feu, et régnant déjà par le pressentiment d'une royauté que le hasard docile lui attribue depuis vingt ans, ouvrit la séance par une allocution presque aussi éloquente que les discours de MM. Chigot de la Rigaudie, Syriès de Mayrenhac, Marcassus de Puymarin..... Blérinval rappela l'usage dès long-temps admis, d'obéir, pendant tout le carnaval, au pouvoir souverain décerné à pareille époque ; les vieux dîneurs, pour qui la routine était devenue une sorte de légitimité, crièrent *bravo !*... et les jeunes gens se turent.

« Cependant un large gâteau est produit au lever du potage ; le couteau brille à la main du maître de la maison ; les portions se distribuent ; et cette année, comme les années précédentes, la souveraineté tombe aux mains de Blérinval, aussi directement que la présidence du corps représentatif échoit à M. Ravez.

« Soudain les cris de *vive le Roi !* frappent le

plafond de l'antique salle à manger; une couronne de laurier-sauce, empruntée au jambon de Bayonne qu'on vient de servir, est déposée sur la tête de Blérinval; et la fève du gâteau, recouverte d'une rasade de madère, provoque à plusieurs reprises ce cri de circonstance : *Le roi boit !*

« Mais aux triomphes touchent quelquefois les calamités. A peine les transports que venait d'exciter l'avénement de Blérinval au trône électif du carnaval étaient-ils calmés, qu'un jeune homme se lève et fait entendre ce discours à l'auditoire étonné : « Messieurs, jusqu'ici l'empire de la fève échut à notre respectable ami, et nous avons vu s'écouler, sous ses bienveillantes lois, vingt carnavals successifs, tissus d'allégresse, de plaisir et d'appétit, sans mélange remarquable de soucis et d'indigestions ;

Mais je connais le sort : il peut se démentir.

La couronne peut enfin orner un front moins digne de la porter. Organe de la majorité, je demande qu'il nous soit donné une *constitution*.

— « Une constitution! répéta le roi en posant son verre.

— « Une constitution! redit avec effroi la vieille aristocratie dont Blérinval était environné.

— « Oui, Messieurs, une constitution, mais surtout une constitution que l'on respecte.... C'est la nécessité de l'époque, et, j'oserai même le dire, elle est sollicitée par nos besoins particuliers. Des abus, encore tolérables, mais dont le cercle s'agrandit journellement, se sont glissés dans nos joyeuses institutions : j'en soumettrai quelques uns à la sagesse du roi. D'abord les sauces blanches dominent dans nos repas; on proscrit les sauces piquantes, et le gibier nous envahit. Lorsque l'heure du dessert est arrivée, on assigne à notre gaîté des chants tristes et monotones; la danse est interdite parmi nous; bientôt, peut-être, nous ne pourrons plus rire qu'en vertu d'un édit, et nous nous acheminons tout doucement vers un absolutisme morose, qui tuerait notre sôciété. Qu'on nous rende les sauces piquantes; qu'on laisse un peu courir dans les forêts le gros et le petit gibier qui surabonde dans nos fêtes; que la liberté de chanter et de danser nous soit rendue; que la pensée circule librement parmi nos convives, réunis pour célébrer gaîment une saison consacrée au plaisir : voilà notre vœu; nous demandons hautement qu'il soit érigé en droit...

— « Oui, nous le demandons, s'écria d'une voix forte la majorité absolue de l'assemblée.

« Blérinval voulut en vain s'appuyer de l'éloquence de certains courtisans, qu'attachait, depuis quelques années, à sa puissance l'exclusion des filets de caille et des ailes de poulet, distribués inégalement dans les festins royaux; ces conseillers furent interrompus, baffoués, chansonnés par la nerveuse opposition. Blérinval lui-même sentit chanceler sur sa tête la couronne de laurier-sauce..... et voyant l'heure où la fève allait lui échapper, il promit solennellement à son petit peuple une constitution conforme à ses vœux. La fête des Rois commença alors sous les plus heureux auspices ; quelques hommes aux paroles décevantes, aux projets ténébreux, aux vues ambitieuses, qui s'étaient montrés partisans fanatiques des sauces blanches, disparurent à la sourdine... Confians dans la parole royale, les convives chantèrent, dansèrent, jouèrent, jasèrent librement. Il y a plus, ils inscrivirent sur leurs *albums* tous les détails de cette soirée, avec les commentaires qui leur passèrent par la tête, sans crainte d'être ni censurés, ni recherchés, ni timbrés, tant on eut, dès ce moment, de confiance aux promesses du roi constitutionnel de la fève.

CHAPITRE II.

Madame de Berry à Bagatelle. — L'officier conteur et moraliste. — Buonaparte, Bonaparte et Napoléon. — La société d'autrefois et celle d'aujourd'hui. — Dissertation morale.

On ne peut pas tout dire à la fois : Un de mes chapitres précédens a été consacré à madame la duchesse de Berri, parce que j'en ai appris sur elle, dans son antichamdre, beaucoup plus encore que je ne vous en ai dit; et pourtant je puis encore vous parler de son altesse royale.

Lorsque le duc de Bordeaux eut atteint sa huitième année, Madame apprit au roi que le jeune prince se plaisait beaucoup *à Bagatelle*... Sa Majesté tressaillit légèrement au nom de ce joli petit château, qu'elle même avait surnommé jadis *la Folie d'Artois;* et cette folie avait été le théâtre d'une infinité d'autres...... C'était là précisément ce qui faisait frissonner sa Majesté... car les reflets mondains de Bagatelle ne laissaient pas d'inquiéter le monarque pieux, présentement occupé, M. de Latil aidant, d'une sérieuse liquidation avec le Ciel. Charles X s'étant remis un peu, regarda fixement sa bru, et lui dit :

—Vous êtes bien sûre, ma fille, que mon petit-fils aime le séjour de Bagatelle ?

— Je puis l'affirmer à Votre Majesté, et cela se conçoit : les fleurs, les ombrages, le grand air plaisent naturellement à l'enfance.

— Et à la jeunesse, reprit le roi avec un sourire mêlé de quelque malice... Mais, prenez-y garde, ma fille, le séjour de cette gentille maison peut offrir quelque danger..... Prenez vos mesures, ajouta le monarque avec gravité, pour ne compromettre ni la sûreté ni la gloire de l'héritier du trône...

— Votre Majesté peut se reposer sur ma prudence, répondit Caroline en rougissant un peu...

— J'y compte, ma fille. Les murailles de Bagatelle sont si minces, voyez-vous, que, pour les observateurs, elles ont presque la transparence du verre...

Son altesse royale avait parfaitement compris l'avis détourné du roi; y eut-elle pleinement égard? je n'oserais l'assurer. Ce que je sais pertinemment, c'est que les officiers supérieurs et ordinaires qui commandaient la garde à Bagatelle lorsque Madame et le duc de Bordeaux habitaient ce vide-bouteille royal, étaient toujours choisis parmi les militaires de bonne mine et d'un caractère aimable et enjoué : on y vit souvent le chef d'escadron Duba***, officier de la plus séduisante apparence; et les diseurs de riens piquans prétendaient que Madame avait coutume d'accorder ses préférences par rang de taille. Je me défie un peu des faiseurs de bons mots; mais ce dont je suis certain, c'est que son altesse royale, dans le choix des militaires à qui elle confiait la garde de son fils, ne s'attachait nullement aux précédens, soit de dévoûment légitimiste, soit de dévoûment napoléonien. On peut même dire que les anciens serviteurs de l'empire, dont la vie avait été si animée, si dramatique, agréaient plus à cette princesse napolitaine que les rejetons de vieille noblesse, nés au sein des angoisses de château qu'avaient souffertes leurs parens durant le règne de l'usurpateur.

Son altesse royale prétendait même que le jeune prince, chez lequel se révélaient déjà des inclinations martiales, aimait à entendre les récits guerriers des compagnons de Napoléon.

Or, lorsque les officiers racontaient, Madame, il faut bien le dire, écoutait avec plaisir, après avoir recommandé au narrateur de ne châtier en rien ni son langage ni ses opinions; ce qui produisait quelquefois à son oreille des assertions quelque peu hardies et des mots passablement pittoresques.

Un soir de printemps, pendant que je frottais le salon de Bagatelle, la société de son altesse royale était réunie sous un berceau de chèvrefeuille voisin de la maison, et toutes les croisées ayant été ouvertes pour y laisser pénétrer le parfum des fleurs; j'entendis parfaitement la conversation qui se tenait dans le jardin.

— Commandant, dit la princesse à l'officier de service auprès d'elle, depuis quelques jours mon fils me tourmente pour lui apprendre comment il se fait que, parmi les militaires dont il est environné, on appelle *celui* qui régna pendant dix années sur la France, ceux-ci *Napoléon*, ceux-là *Bonaparte*, d'autres *Buonaparte*. J'ai cru remarquer dans chacune de ces appellations une sorte d'affectation, qui certainement n'est pas sans intention; mais je ne puis m'en rendre compte. Veuillez, Monsieur le commandant, venir au secours de mon intelligence, et m'aider à satisfaire mon fils.

L'officier-supérieur auquel son altesse royale s'adressait, homme instruit et beau parleur, passa deux fois sa langue sur ses lèvres, et répondit en s'inclinant: « Je vais tâcher, Madame, de remplir le moins mal possible l'attente de votre altesse royale.

« Les hommes du dernier siècle, continua le commandant, se plaignent de la révolution que le caractère français a subie, et ils ont tort. Je ne vois rien de regrettable dans ce vernis mensonger, dans cette fausseté d'apparat, qu'on appelait courtoisie. De nos jours, les opinions marchent sans masque; elles s'énoncent sans déguisement. Personne ne perd à cela : on ne peut rien gagner à être trompé, à moins qu'on ne soit amoureux : l'amour seul a le privilége de jouir de son erreur.

« Est-ce bien de la franchise que révèle cette nouvelle disposition morale, et ne serait-ce pas plutôt une suite de cet esprit de discussion, de cette humeur hostile qui naquit de nos troubles civils? Le bruit des armes s'est tû; les nuages poudreux du champ de bataille sont retombés; mais nos nerfs d'acier vibrent encore des atteintes qu'ils ont reçues; l'électricité révolutionnaire achève de s'exhaler dans le discours en pétillantes étincelles.

« C'est ainsi que l'adoption de l'un des trois

noms dont votre altesse royale me demande l'explication est une sorte de manifeste contre tout ce qui lui est opposé : Ce nom (celui qu'on adopte), signale tout d'abord un monarchiste pur, un constitutionnel ou un partisan du régime impérial. Suivez la discussion morale ou écrite de l'habitant du faubourg Saint-Germain, qui a prononcé un *Buonaparte*, en accentuant l'*u* avec force, l'homme illustre n'est pour lui qu'un flibustier heureux, que l'aveugle fortune favorisa. Ses plans de campagne étaient vicieux, ses combinaisons stratégiques fausses, sa ligne de bataille était trop profonde, ses ailes ne s'étendaient point assez, lui-même manquait de précision dans le commandement. Bref, ce *soldat*, dont les partisans s'obstinent à faire un héros, n'était, à tout prendre, qu'un coupe-jarret révolutionnaire, un Spartacus couronné, sous les drapeaux de qui la victoire s'égara *peut-être* quelquefois, et qui, tout en battant l'ennemi, mérita moins de renommée que nos généraux de vieille roche en reculant devant le prince Eugène, ou en perdant la bataille de Rosbach. Du reste, *Buonaparte*, général sans bravoure personnelle, abandonne son armée en Égypte, en Russie, en Saxe; jaloux à l'excès de ses rivaux de gloire, il donne l'ordre très-exprès de brûler la cervelle à Desaix en Italie, de poignarder Kléber au Caire, d'empoisonner Hoche en Allemagne, d'étrangler Pichegru entre deux guichets. Monté sur un trône usurpé qu'a fait *Buonaparte?* un code populaire, c'est-à-dire mauvais; une restauration religieuse incomplète, puisqu'elle n'admettait pas les bons jésuites... Ici la duchesse de Berry éclata de rire comme une modiste de la rue Vivienne, qui entend un bon mot d'Odry.

« Il a créé, ce *Buonaparte*, une université qui faisait faire l'exercice aux jeunes gens des lycées, afin de leur apprendre à servir l'État, et qui ne leur enseignait point à conquérir les emplois sans les mériter, ce qui, pourtant, eût été plus simple (éclat de rire en *crescendo* de Madame). Voilà cependant à quoi se bornent les travaux tant vantés de *cet homme-là*; ou plutôt voilà le jugement dont son nom, enrichi d'un *u*, est le résumé. On peut conclure, par extension, que le contempteur de *Buonaparte* est l'admirateur fervent du régime d'autrefois, du bon plaisir, et de ces excellens priviléges qui permettaient jadis aux pigeons seigneuriaux de dévorer tous les grains d'un canton, ou aux lapins féodaux de ronger impunément les oreilles des *vilains*. »

Ici, la mère du duc de Berri s'écria inv ncíblement : « Je m'amuse, en vérité, moins au plus joli vaudeville de Scribe. » Le commandant continua :

« Écoutez maintenant l'honnête bourgeois qui prononce *Bonaparte* : « Ce fut un grand homme, dit-il, mais il accorda trop de confiance à son génie, et céda trop souvent à l'empire de ses passions. A la guerre, *Bonaparte* se montra toujours supérieur aux obstacles; il ne voulut jamais se prémunir contre les événemens : ce peu de mots explique toutes ses fautes militaires. Homme d'État, il sauva la France d'une ruine imminente, il reforma la société des élémens que la terreur avait dispersés, il réédifia sur des bases solides toutes les institutions, et retrempa fortement l'esprit national.

« Mais il se trompa, dans l'intérêt de sa puissance, en favorisant une vieille noblesse qui ne pouvait jamais se rallier franchement à lui, en créant une noblesse nouvelle qui, au jour des revers, qu'il fallait prévoir, devait vouloir se *légitimer*. Il fut ingrat en éloignant, en humiliant même ces hommes qu'on avait vus naguère soutenir le pavois sur lequel il avait été proclamé. Au moment de sa chute, *Bonaparte* se montra plus grand que jamais dans les camps; mais cet apogée de sa gloire militaire fut obscurci par une funeste aberration de sa politique. Comment ne s'aperçut-il pas que ces courtisans, passés par esprit de servitude, de l'*OEil-de-Bœuf* à la salle des *Maréchaux*, n'attendaient qu'une occasion favorable pour retourner à l'*OEil-de-Bœuf*. Étaies vermoulues, ils ne soutenaient qu'en apparence le trône impérial, comme ils avaient soutenu, en 1791, le trône royal. Le véritable appui du premier, c'était un faisceau de cinquante millions de bras, qu'un acte de tyrannie énerva en 1814. — Ainsi parle ordinairement le juge impartial de *Bonaparte;* le corollaire habituel de cette opinion, c'est que des élémens modifiés de la puissance de ce prince révolutionnaire; des principes autrement combinés de son gouvernement; des institutions qu'il a fondées, on peut, avec de la bonne foi, constituer une monarchie qui, pour être prospère au dedans, redoutable au dehors, n'aurait besoin ni des pétards diplomatiques d'une sainte-alliance ni des légions de Loyola, ni de l'incinération des livres philosophiques, ni des lois contre la presse, ni d'une police soupçonneuse, ni de la crainte permanente des patriotes...

— « Commandant, interrompit Caroline de Nâples, ne seriez-vous pas jacobin ?

— « Madame, répondit l'officier, j'étais du voyage de Gand. Puis il poursuivit :

« Voici venir maintenant le Français qui désigne l'homme de l'empire par le nom de *Napoléon :* tout, dans ce qu'il vous dit, est laudatif; son opinion est un panégyrique sans mélange, un éloge sans restriction. Les guerres continuelles que *Napoléon* livra étaient justifiées par la nécessité d'entretenir des forces imposantes; il dut sacrifier deux millions d'hommes pour former le moral de l'armée. L'exécution d'un prince de l'ancienne dynastie était un coup d'État : Napoléon, au dire de son partisan, put avoir *ses rigueurs salutaires.* Le même panégyriste n'admet pas la plus petite observation sur le sénat disant à l'empereur : *Il est l'heure qu'il plaira à Votre Majesté;* sur le corps législatif délibérant en pantomime; sur les empiétemens d'un souverain s'arrondissant de la moitié du continent européen. Notre robuste *napoléoniste* adopte le système continental dans toute son intégrité : il consent à payer le sucre 6 francs la livre; il se résigne à mélanger son café de chicorée, pourvu qu'on permette de brûler les marchandises anglaises; c'est le *Guyon* des calicots et des guingamps. Je n'expliquerai point ici les vœux de l'homme dont je viens d'esquisser l'opinion... ses espérances sont serviles... je les repousse et les hais.

« Telles sont les trois professions de foi que l'on peut hardiment déduire de l'usage des trois noms sur lesquels votre Altesse Royale a daigné m'interroger; l'échange qu'on en fait dans la société peut être comparé au coup de fusil d'une sentinelle avancée, et rarement ces noms sont prononcés sans amener une escarmouche, quelquefois un engagement sérieux.

Madame la duchesse de Berri avait pris bonne note de l'éloquence facile du commandant; mais ma souvenance, quoique fidèle, l'avait peut-être altérée un peu. Heureusement, mon fils l'avocat restaura, le soir même, dans mon récit, le discours mutilé de l'officier beau parleur, comme l'architecte Labrouste restaure, dit-on, les monumens de l'antiquité, sur le témoignage de leurs vestiges.

Son altesse royale influença tant soit peu le tour de garde du commandant : lorsqu'elle retourna au pavillon de Bagatelle, ce fut lui qui commanda la garde cette fois-là encore; et, après lui avoir avoué sa supercherie, Madame le pria de lui raconter quelque chose de piquant..... Son altesse ajouta en riant : Et rappelez-vous qu'il n'y a point de censeurs autour de moi.

— Madame, répondit l'officier, lorsque je raconte, je tâche d'être gai pour ne pas être ennuyeux, et la gaîté n'est jamais sérieusement hostile... Qui mourut jamais d'un coup d'épingle?

— Je suis de votre avis, commandant; mais avec un faisceau d'épingles on tue...

— Les ridicules, pas davantage, Madame... Je commence.

«On peut, sans être un aigle, savoir faire ses affaires; on a remarqué même que, pour avoir été des aigles, certains particuliers en ont fait de très-mauvaises. Mais ce n'est pas précisément pour cela que nous avons quelquefois à nous plaindre de ceux qui dirigent les affaires publiques.

« Un honnête marchand de drap, retiré au Marais avec un capital assez pesant et une dose fort légère de perspicacité, est chargé, l'un de ces matins, par un de ses correspondans de Louviers, de l'abonner à un journal littéraire de la capitale : le choix de cette feuille est remis à son esprit, à son goût... Cette derni re latitude équivalait à une question adressée à un muet. J'ai fait remarquer à votre altesse royale que les deux qualités auxquelles le fabricant de Louviers s'en rapportait étaient aussi nulles chez le bon habitant du Marais que les sinécuristes le sont dans le service de l'État.

L'*Almanach du Commerce* était le *vade mecum* universel de mon négociant émérite; il l'ouvrit au chapitre *Journaux*. Mais soudain il recula devant l'immense nomenclature qui s'offrit à ses yeux éblouis..... —Voilà, dit-il, des titres heureux : *le Conservateur, le Médiateur, le Propagateur, le Spectateur, l'Observateur, l'Annotateur, le Locateur*... mais lequel choisir?.. Ma foi, au petit bonheur; je sors et j'abonnera mon ami au premier journal dont je trouverai le bureau sur mon chemin... » Que de gens devraient jeter ainsi leurs projets dans l'urne du hasard! Ils y gagneraient quelquefois et la société y perdrait rarement.

Après avoir parcouru deux ou trois rues, M. Lecourt, dont je vous dis un peu tard le nom, lit sur une jolie baraque en bois peint: *Bureau de l'Inspecteur*... Bon, voici mon affaire: l'*Inspecteur*, cela promet; dans un siècle d'observation, ce journal doit être piquant... Entrons, et abonnons-nous.

— Monsieur, un abonnement de trois mois?

— Un abonnement, c'est une chose nouvelle.

— Oui, je conçois; votre établissement est nouveau; je me félicite de venir un des premiers : je vous porterai bonheur... Votre prix pour un trimestre?

— Mais combien de fois par jour Monsieur veut-il être servi?

— Belle demande! une fois.

— Le matin, sans doute?

— Non, à l'heure de la poste.

— Ce sera quatre-vingt-dix francs.

— Quatre-vingt-dix francs! y pensez-vous? pour vous tenir une heure par jour?

— Précisément; une heure par jour, c'est ce que j'entends; et vraiment, Monsieur, c'est tout au juste. Si vous saviez combien de charges la police nous impose.

— Oui, je sais, la police impose volontiers.....

— Nous ne roulons qu'avec beaucoup de difficulté, et, partout où il y a presse...

— Comme vous dites, la presse et la police ne s'entendent guère.

— Après cela, l'estampille des numéros.

— Ah! sans doute, vous avez votre timbre.

— Et un timbre sec, je vous assure.

— Allons, voilà mes quatre-vingt-dix francs; mais j'espère qu'on sera content de vous?

— Je vous promets que nous allons rondement.

— Vous avez apparemment une couleur?

— Oui, une couleur uniforme.

— Et tranchante?...

— Je vous en réponds, et puis nos gens sont armés d'un bon fouet.

— Bravo! le fouet est un excellent moyen.

— Ça fait surtout merveille avec les chevaux qui...

— Chut! point d'épithètes sur les gens placés au timon de...

— Soyez sans crainte, ils ne se plaindront pas; et, quand ils sont bien pansés, quand ils ont eu leur avoine...

— Ah! ah! ah! l'avoine est très-bien... Ainsi

voilà qui est décidé, et vous enverrez demain votre premier numéro?

— Oui, le premier numéro qui paraîtra sur la place.

— Sur quelle place?

— Sur la place des fiacres.

— Que me parlez-vous de fiacres?

— De quoi voulez-vous donc que je vous parle?

— Ne suis-je pas dans le bureau de *l'Inspecteur*, journal littéraire?

— Vous êtes dans le bureau de l'inspecteur des voitures de place.

— Que le diable vous emporte

— Il ne faut pas vous fâcher; voilà votre argent... L'erreur n'est pas grande : fiacres, journaux, on peut s'y tromper; et, si nous tournons quelquefois un peu court, ces messieurs ne vont pas toujours droit leur chemin.

CHAPITRE III.

Le dauphin *sur-ministre.* — Les sinécuristes du ministère de la guerre. — Séance d'une commission administrative.

Cette grace de Dieu qui donne aux souverains la science du gouvernement, ainsi que cela fut prouvé de toute éternité, accorde aux princes de leur famille le talent nécessaire pour exercer avec distinction les grandes charges de la monarchie. Il serait impossible de citer une preuve plus convaincante de cette vérité que les capacités du prince grand-amiral, généralissime, monseigneur le duc d'Angoulême: on n'a point oublié la savante question faite par son altesse royale à un élève de l'école Polytechnique : *Monsieur, quel est le moteur d'une machine hydraulique ?*

Or, après le brillant fait d'armes du Trocadero, la paix ne permettant plus à ce prince une activité purement militaire, il fallut bien, pour occuper sa vaste intelligence, l'appliquer à quelque grand ressort administratif. M. le duc d'Angoulême, sous le règne de son auguste père, fut créé *sur-ministre* du département de la guerre.

En apprenant ce choix, tout ce qu'il y avait de généraux, de colonels, d'intendans et de sous-intendans militaires amateurs, se frotta les mains en disant : Nous ferons bonne chère aux rateliers du budget. En effet, les projets d'inspections extrordinaires, des comités consultatifs, des commissions préposées à de nouveaux essais d'armes à feu, d'armes blanches, d'objets de campement, d'équipement, d'habillement, arrivèrent par rames aux Tuileries. Le prince, ennemi, et pour cause, de toute discussion, adopta tout ce qu'on lui proposa; le ministère de la guerre fut envahi par une armée d'officiers à grosses épaulettes et à broderie, qui grevèrent le budget d'une série nouvelle de sinécuristes dévorateurs.

Quelques hommes d'État, frappés d'un abus si onéreux, voulurent essayer auprès du dauphin des représentations tendantes à faire restreindre ce luxe de personnel administratif; mais son altesse royale, persuadée qu'elle allait joindre à la renommée d'un Turenne la réputation d'un Louvois, n'écouta qu'avec défaveur ces observations, et l'état-major paperassier fut maintenu. Il est rare qu'un abus qu'on tolère ne dégénère pas bientôt jusqu'au scandale : la mordante critique des députés de l'opposition ne se borna pas à frapper de réprobation ces petits corps inspectans, délibérans, consultans, qui, comme les lions de fonte et les immortels en chair et en os de l'Institut, ne faisaient que de l'eau claire; ces députés livrèrent aux rieurs de la chambre les prétendues attributions des sinécuristes de la rue Saint-Dominique.

Monsieur le baron Th*** de Saint***, commissaire inamovible des budgets de la guerre, s'efforça de soutenir le *far niente* rétribué de ces messieurs, en jetant aux économistes de la chambre une proie de commis de 1,500 francs renvoyés des bureaux, ou d'officiers en réforme privés de l'aumône appelée leur traitement. Mais, nonobstant la faconde nasillarde de ce *chiffrier* de la guerre, les orateurs du côté gauche persistèrent à tenir les comités pour inutiles, ce qui n'empêcha pas qu'ils ne fussent conservés.

Madame la duchesse d'Angoulême s'était plus d'une fois amusée de l'importance que se donnait le prince son époux, en protégeant l'Espagnol Ferdinand VII de sa bonne épée; et monseigneur le grand-amiral de France, qui n'eût pas dirigé avec discernement une coquille de noix dans un bassin à barbe, paraissait à cette princesse infiniment plus plaisant encore. Mais le fils de France, dominant de toute sa hauteur princière l'administration des armées, et fournissant à ce sujet aux petits journaux une moisson quotidienne de saillies, sembla à cette princesse trop niaisement compromis. On assure qu'elle s'imagina de faire si gros, si ample, le ridicule des commissions, qu'il ne pourrait échapper à leur bénévole protecteur. En conséquence, son altesse royale trouva, un beau matin, dans son cabinet, un cahier doré sur tranche, en tête duquel on lisait : *Procès-verbal de la séance du comité d'habillement, tenue le 15 octobre 18....* Le prince s'assit gravement sur son fauteuil de bureau pivotant, croisa les jambes, prit le cahier doré, donna deux petits coups de main dessus pour en faire tomber la poudre, et se prit à lire ce qui suit :

— C'est une vexation !

— C'est un abus de pouvoir !

— C'est une tyrannie !

— Messieurs, Messieurs, le service avant tout.

— Le service, voilà qui est bientôt dit ; mais il est des vacances en administration comme au barreau.... j'ai mes vendanges.

— J'ai mon permis de chasse.

— Mon jardinier m'attend à la campagne pour faire mes plantations.

— Je conçois votre mécontentement, chers collègues, et moi-même je ne serais pas fâché de me livrer à quelques petites récréations rurales. Cependant, en ma qualité de président du comité, je dois vous faire observer que le moment est critique.

— Comment cela ? Aurions-nous à redouter de nouvelles réformes ?

— Parlerait-on de vérifier l'origine des traitemens supplémentaires ?

— Songerait-on à nous assigner des heures de bureau?

— Rien de tout cela ; il s'agit seulement de prendre une attitude imposante, martiale même.

— N'avons-nous pas vaincu au Trocadero, à Navarin et au camp de plaisance de Saint-Omer.

— Je le sais ; ces campagnes ont été superbes pour nos schakos du dernier modèle, et nous y avons triomphé par les pompons. Convenez aussi, Messieurs, que ces schakos et ces pompons-là nous ont coûté de chaudes discussions et bien des carafes de limonade.... mais enfin nous avons vu la victoire se ranger sous nos glorieuses circulaires.

« Ce n'est pas tout, nous trouvons dans notre carrière d'admirables antécédens : c'est encore nous, Messieurs, qui, dans une seule séance, admîmes à l'unanimité ces plumes de coq qui se balancent si noblement sur le front de nos chasseurs ; à nous seuls appartient l'idée de la frange si heureusement placée entre les boutons de la taille de nos lanciers ; nous seuls pouvons revendiquer l'honneur d'avoir métamorphosé les soldats français en soldats prussiens, afin qu'il n'y ait plus rien de commun entre la nouvelle armée et les vieilles phalanges d'Iéna.

« Mais on n'a rien fait tant qu'il reste à faire, disait César, avec qui nous ne manquons pas de ressemblance ; ne nous endormons pas sur nos lauriers. Je ne puis vous cacher une réflexion qui m'afflige : là, tout près de nous, se réunit un comité qui, cette année, nous enleva plus d'une fois la palme des délibérations. On a vu ses membres se rassembler à onze heures.....

— A onze heures!!!

— Oui, Messieurs, à onze heures, et l'on assure, sans oser toutefois le garantir, que leur dîner fut deux fois retardé de seize à dix-huit minutes. Aussi que de travaux dans une campagne! ouvrez le journal militaire, et voyez le règlement qui détermine le logement des lieutenans-généraux et maréchaux-de-camp : avec quelle précision nos confrères ont fixé la hauteur des glaces, la couleur des papiers de tenture, l'étendue, calculée en mètres, centimètres, millimètres, du salon de compagnie, de la salle à manger, du cabinet de travail. Et la hiérarchie, comme elle est respectée dans la disposition des localités! Ce n'est pas seulement dans les appartemens d'apparat que le maréchal-de-camp se trouve plus à l'étroit que le lieutenant-général : la proportion diminutive est appliquée aussi à ses habitudes domestiques. Ses corridors sont plus resserrés, sa chambre à coucher est moins vaste, son cabinet de toilette plus petit, sa garde-robe moins commode. La cuisine du lieutenant-général est bien autrement garnie de fourneaux que celle du maréchal de-camp.... Il n'y a pas jusqu'au four, dont la capacité, calculée sur l'importance des émolumens, ne soit moindre pour le dernier fonctionnaire que pour le premier; d'où il suit qu'un maréchal-de-camp ne se permettra l'émission d'un nombre de *brioches* égal à celui du lieutenant-général, que par une infraction positive au règlement. Enfin, et c'est en cela surtout que nos confrères ont excellé, les soins du comité ont prévu jusqu'à l'extension légale de la progéniture des chefs militaires : deux chambres d'enfans sont accordées aux lieutenans-généraux; une seule pièce est permise au maréchal-de-camp..... Quelle sagacité administrative! quelle profondeur de philosophie bureaucratique!

« Voilà, Messieurs, de beaux exemples, atteignons, surpassons, s'il se peut, la commission illustre dont je viens de signaler les travaux. Écoutez, écoutez!! je vous l'ai déjà dit, *les circonstances sont grandes;* nous pouvons atteindre l'apogée de la célébrité par un trait héroïque. Vous vous rappelez l'immense réputation de cette *vieille garde*, dont vous n'avez peut-être suivi la marche que sur la carte ; savez-vous à quelle cause était dû le renom de ces prétoriens modernes ?... Eh bien ! ils le tenaient de *leurs bonnets de grenadiers*. Ne riez pas, Messieurs, mon assertion est de toute exactitude. Parcourez les bulletins de la grande armée, vous verrez, à toutes les batailles, les réserves autrichiennes, russes ou prussiennes broncher au seul aspect de cette troupe d'élite, que les étrangers désignaient sous le nom de *gros bonnets*. Donc ce sont ces bonnets qui ont tant de fois vaincu ; donc, la plus belle part de la victoire appartenait au comité d'habillement ; donc, nous pouvons acquérir plus de gloire encore que nos prédécesseurs, en imaginant des bonnets plus gros que ceux qu'ils avaient créés.

« Le président avait cessé de parler ; tous les membres de la commission crièrent : *Vivat!* et chacun d'eux, relevant sa cravate avec dignité, demeura convaincu que sur la commission dont il avait l'honneur de faire partie reposait l'illustration future de nos armes.

« Sur ce l'on alla dîner, avec l'entière persuasion que jamais séance du comité n'avait été aussi bien employée. »

Que signifie ceci? dit monsieur le Dauphin après avoir lu ce procès-verbal... Diable! diable! je n'ai là aucun de mes conseillers ordinaires; mais il me semble que, sans avoir pris leur avis, je puis décider que, par cet écrit, l'on s'est proposé de mystifier quelqu'un.

— Précisément, répondit-on derrière son altesse royale, et ce quelqu'un-là, c'est vous, prince.

— Hein! qui ose me parler ainsi, dit monseigneur en se retournant avec vivacité..... —Ah! c'est vous, Madame.

— Moi-même, reprit la Dauphine, qui venait d'entrer à pas de loup pendant que le fils de France lisait. J'ai voulu, continua son altesse royale, juger par moi-même de l'effet que produirait sur vous la lecture de ce pamphlet.

— C'est une mauvaise plaisanterie.

— Du tout, Monsieur; c'est l'exposé, mis à nu, de ce que font journellement vos commissions dites administratives du département de la guerre; commissions dont vous protégez la ridicule nullité, et qui vous livrent, avec elles, aux sarcasmes des libéraux... Prenez-y garde, Monsieur, quand le ridicule se tient debout auprès d'un prince, sur le premier degré du trône, il s'assied plus tard avec lui sur le trône même.

— Madame! Madame! ma gloire militaire est là, et je ne crains pas... (léger mouvement d'épaules de la princesse). Au surplus, j'examinerai mûrement le sujet sur lequel vous avez si ingénieusement appelé mon attention, et je prendrai ensuite une sage détermination... A propos, qui donc a composé cette facétie ?... est-ce le baron Charlet, votre secrétaire intime, votre faiseur ordinaire.... Il a de l'esprit comme un lutin, ce garçon-là.

La Dauphine ne se crut pas obligée de répondre à l'interpellation de son époux, non plus qu'à tenir secrète la petite leçon qu'elle venait de lui donner; car, à huit jours de là, il y avait dans le château cent copies du procès-verbal pour rire de la commission d'habillement.

CHAPITRE IV.

Métamorphose des mousquetaires. — La confession du comte Charles de Vern ***. — Les deux péchés capitaux.

A l'origine de la restauration, tous les fils de famille voulurent être mousquetaires : l'uniforme de ces compagnies d'élite était galant; le simple cavalier y portait l'épaulette; cette belle jeunesse rouge se crut destinée à continuer la réputation de ces anciens mousquetaires, que les dames titrées favorisaient de leurs bontés expansives, sous le règne du bien-aimé Louis XV. Et comme les belles manières des guerriers affectaient maintenant des formes nouvelles, MM. de la Maison du roi, copistes fidèles d'Elleviou dans *Adolphe et Clara*, se flattèrent de surpasser leurs devanciers. Ils n'en eurent pas le temps : les compagnies rouges furent supprimées après les cent jours : ce brillant reflet de la splendeur royale n'avait duré que quelques mois.

Or, les jeunes gens qui n'ont rien trouvé de mieux à faire que d'embrasser la carrière des armes en temps de paix, tombent assez naturellement dans la prêtrise, si leur destinée militaire vient à se démentir. Cela se vit de tout temps, avec des nuances diverses d'espérance, avec des chances relatives de fortune ecclésiastique. Le roturier dont l'ardeur martiale s'était évanouie à la moitié d'un congé, trouvait dans l'enceinte d'un séminaire ou dans les murs d'un couvent asile et protection contre les recherches du conseil de guerre. Il n'eût fait qu'un mauvais soldat ; il lui arrivait quelquefois de faire un bon curé de campagne.

Le jeune gentilhomme, capitaine de dragons au sortir du collége, devenait, par droit d'escapade à son régiment, prieur ou grand-vicaire; tandis que son colonel, après s'être ruiné avec des filles d'opéra, ne pouvait prétendre à moins qu'à un évêché.

Lorsqu'une antique dynastie reparaissait en France, il allait sans dire que les anciens usages y devaient reparaître avec elle; donc la suppression des mousquetaires assurait une réserve aux phalanges sacerdotales, par une tendance presque nécessaire des choses. Ces messieurs, vu la pente des opinions, ou pour mieux dire des spéculations de l'époque, passaient du rouge au noir, aussi naturellement que les écrevisses passent du noir au rouge dans la casserole où elles cuisent..... seulement la casserole légitimiste produisait une métamorphose inverse.

Mais ce changement d'état, au dix-neuvième siècle, ne pouvait s'opérer sans que les casuistes, ressaisis d'une ferrule plus large que jamais, imposassent d'énormes pénitences. On venait de traverser cette époque où toutes les graces d'en haut s'étaient noyées dans un déluge d'iniquités : chacun, durant les guerres de l'empire, avait failli à sa manière, et plus d'un s'était piqué de variété en péchant. Il y eut donc d'amples confessions à faire pour passer, selon Dieu, des compagnies rouges dans les compagnies noires.

Or, parmi les aspirans à cette pieuse transmutation, il se trouvait un mousquetaire revêtu du grade de colonel, et qui venait souvent au pavillon de Marsan, surtout depuis qu'il se destinait aux légions de Loyola. Car celui-là voulait être jésuite, ni plus ni moins, et jésuite par l'initiation du cardinal de Latil : rien ne devait manquer à cette importante conversion. Je dis conversion, parce que le colonel, gentilhomme de vieille roche, s'était fourvoyé, huit à dix années durant, parmi les serviteurs de Napoléon. Le mauvais exemple est contagieux : notre futur jésuite, en faisant la guerre aux Allemands et aux Espagnols, avait montré aux blondes Allemandes et aux brunes Castillanes des intentions extrêmement pacifiques : on le savait à Montrouge : ce point capital, il fallait surtout l'épurer à fond par une ablution confessionnelle. M. de Latil lui-même prétendait procéder à cette délicate liquidation : il demanda particulièrement au néophite la relation circonstanciée et par écrit de certaine aventure avec une princesse régnante des bords du Weser, aventure qui avait eu quelque retentissement vers la fin de l'empire. Apparemment Charles de Vern *** (ainsi se nommait le colonel) s'empressa de satisfaire le cardinal; mais un incident inattendu fit que le cahier révélateur ne fut pas mis sous les yeux de son éminence aussitôt qu'elle l'eût désiré: cet incident-là, j'aurai quelque jour à me confesser moi-même de l'avoir prolongé, et l'on va voir comment.

M. de Vern ***, les yeux baissés, les mains jointes, traversa un matin de bonne heure le salon qui précédait l'appartement du cardinal; salon que je frottais en ce moment. Le cahier que le colonel portait à son éminence tomba de sa poche; il ne s'en aperçut pas, et moi-même je vis le manuscrit à terre trop tard pour avertir le colonel. Mais j'aurais pu entrer chez M. de

Latil; disons mieux, je l'aurais dû : je n'y entrai pas.... Je ne sais quel diable, sans doute celui qui tente quelquefois les dames, venait de me souffler à l'oreille l'infâme conseil de ne rendre le cahier qu'après m'être frauduleusement initié à son contenu... J'eus la faiblesse d'écouter cette incitation du malin; pour consommer mon infidélité, je me retirai sous les grands marronniers des Tuileries, et là j'appris ce que je vais vous redire, au risque de vous faire partager mon péché :

« Mon père, le comte Emmanuel de Vern***, avait émigré en 1791; mais, ayant appris que ses biens n'étaient pas vendus en 1800, il profita de l'amnistie promulguée à cette époque pour rentrer en France. J'atteignais alors ma quatorzième année; le comte m'envoya au collége de Pontlevoy, où j'achevai mes études. J'entrai au service en 1803, avec l'épaulette de sous-lieutenant; mon père était alors préfet; bientôt il prit place au conseil d'État; et moitié par faveur, moitié par suite des dévorantes consommations de la guerre, mon avancement avait été tel que je me battis à Wagram à la tête d'un beau régiment de chasseurs. Cette brillante fortune militaire, quoique méritée sous divers rapports, me fit des envieux dans l'armée, parce que je n'avais que vingt-trois ans. Mon père, qui m'aimait beaucoup, craignit que la jalousie de mes rivaux d'ambition et de gloire ne me jetât trop d'ennemis sur les bras; il sollicita pour moi une mission diplomatique qui, devant me retenir plusieurs mois en Allemagne, laisserait au ressentiment que j'avais excité le temps de se dissiper. Je devais me rendre successivement à la cour de divers princes de la confédération du Rhin, auxquels l'empereur demandait des hommes.... des victimes à jeter en proie à ce minotaure dévorateur qu'on appelait la guerre d'Espagne. Mon début en diplomatie ne me parut pas heureux.

« Muni d'un caractère politique dont, soit dit en passant, je ne me trouvais ni très-digne ni très-flatté, je partis de la capitale dans le courant d'avril 1810, avec un train conforme aux goûts d'un ambassadeur de vingt-quatre ans: c'est-à-dire qu'on voyait à ma suite force domestiques, force chevaux, point de secrétaires et point d'archives.

« Ma mission devait commencer auprès d'une princesse régnante, à peine parvenue à sa vingt-huitième année, avec laquelle il ne me paraissait pas indispensable de déployer toutes les ressources d'une profonde politique; je m'attendais à des audiences de boudoir; je me peignais la souveraine tenant, pour sceptre, un bouquet de roses, et je supposais ses édits rédigés en style de madrigal. J'étais dans l'erreur.

« A peine avais-je fait une lieue sur les États de cette princesse, après avoir traversé l'aride Westphalie, qu'un changement total se fit apercevoir autour de moi : plus de terres incultes, plus de ces noires forêts qui, dans une grande partie de l'Allemagne, usurpent un sol qu'une sage culture pourrait fertiliser. Au lieu des paysans pâles et maigres que je venais de voir, je rencontrais des hommes robustes, des femmes au teint fleuri, et la chansonnette égayait leurs travaux. Ma voiture roulait sur une route bien entretenue; les villages avaient cet air d'opulence rustique qui ne trompe jamais sur la prospérité de leurs habitans; en un mot, je trouvais partout des preuves d'un gouvernement paternel. Cet état de choses florissant était cependant l'ouvrage d'un de ces êtres charmans, auxquels notre sexe orgueilleux n'accorde que des faiblesses... femmes en général trop peu appréciées, j'aurais voulu pouvoir réunir tous vos détracteurs dans le duché de L*** D***, pour leur donner un démenti fondé sur l'évidence.

« J'entrai dans la capitale : elle était petite, mais les maisons étaient bâties avec goût; les temples, l'hôtel-de-ville, celui des monnaies, le théâtre, avaient quelque chose d'imposant. Tout cela, quoique resserré sur un espace fort circonscrit, imprimait à cette jolie cité un certain air de grande ville, que complétaient le luxe des magasins et la mise élégante des habitans. Je m'arrêtai à une hôtellerie de belle apparence, où je fus très-bien traité. Le lendemain je m'acheminai vers le palais ducal, dans tout l'appareil de ma dignité diplomatique.

« La duchesse de L*** D***, auprès de qui

l'on m'introduisit sans m'annoncer, était occupée autour d'une volière ; elle ne m'aperçut pas d'abord , et j'avoue que , frappé de l'éclat de ses charmes, je restai un moment interdit en l'abordant. — Monsieur le colonel , me dit-elle, après avoir répondu , par un salut plein de grace, aux salutations un peu gauches que je lui avais prodiguées, permettez-moi de vous demander , en parodiant votre immortel Henri IV, si vous avez eu quelquefois la manie des oiseaux? Oui, princesse, lui répondis-je à tout évènement. En ce cas, ajouta-t-elle, je vais achever de soigner ceux-ci : c'est l'affaire d'un nstant.

« Après avoir arrangé quelques biscuits dans la volière, la duchesse me présenta la main ; nous entrâmes dans un salon à peu près bourgeois, où, s'étant assise sur un canapé , elle m'indiqua un siége que je ne crus devoir occuper qu'après lui avoir remis mes dépêches. Il me sembla, pendant qu'elle les lisait, voir son beau sein s'agiter progressivement; son émotion devint fort vive, mais elle fit un effort pour la cacher, et, lorsqu'elle plia la dépêche que je lui avais remise, ses traits avaient repris toute leur sérénité.

— « M. de Vern***, me dit la princesse, votre grade et la mission dont vous êtes revêtu prouvent que chez vous de grands moyens ont devancé les années; mais voudrez-vous bien, à l'âge où je vous vois, écouter de froides réclamations, et sacrifier le plaisir d'obtenir un prompt résultat à des considérations qui tendent à retarder le succès de votre ambassade.

— « Madame, répondis-je en chevalier français des vieux temps, quand il s'agissait d'un message auprès de la beauté couronnée, on a pu craindre de l'effaroucher par l'aspect des rides, et, malgré mon insuffisance, le choix est tombé sur moi. Néanmoins, je ne désespère pas de faire apprécier la justesse de vos réclamations; croyez, du moins, que je les appuierai de tout mon crédit.

— « Je reconnais à ce discours l'exquise galanterie de votre pays, reprit la princesse; mais je crains bien que vous ne parveniez pas à persuader celui qui vous envoie.... Il y a long-temps qu'il s'est mis au dessus des petits égards que le fort garde quelquefois envers le faible; écoutez-moi cependant. Quoique je sois Allemande, vous devez vous apercevoir que j'ai souvent parlé votre langue; en effet, je fus élevée en France : c'est là que le duc régnant de L*** D*** m'offrit sa main. Arrivée dans ses États, deux choses me frappèrent également : le faste ridicule de la cour et la misère affreuse du peuple. Un prince qui, du haut de son donjon, pouvait découvrir ses frontières, avait des ministres, un grand-maréchal, des chambellans, des écuyers, un grand louvetier, des pages, une compagnie de gardes. Ce luxe, absolument inutile dans un pays où le duc n'avait su fixer ni le commerce ni l'industrie, dévorait les ressources du trésor, qu'on ne pouvait alimenter qu'en foulant les habitans de la principauté. L'or brillait sur la légion de valets du souverain, tandis que ses infortunés sujets venaient expirer, épuisés et presque nus, sur le seuil de son palais.

« Un tel contraste faisait la critique amère du gouvernement de mon époux; je le lui représentai plusieurs fois; ce fut en vain : les impôts se payaient, il ne voulut jamais examiner à quel prix. Cette oppression ne pouvait durer : la calamité publique était à son comble; le murmure éclatait de toutes parts; une révolte paraissait inévitable, lorsque le prince reçut, à la chasse, une blessure mortelle par la maladresse d'un piqueur.... Tel fut, du moins, le rapport qui me parvint, et que je n'osai vérifier, de peur d'obtenir une certitude plus affligeante encore que le doute qui dut naître dans mon esprit.

« Appelée à succéder au duc : j'avais à remplir une tâche bien difficile : il fallait faire cesser les malheurs de mes sujets, en effacer le souvenir, en prévenir le retour. Ce triple devoir pouvait étonner la raison d'une femme de vingt-un ans; il n'accabla point mon courage. Je voyais déjà prosternés devant moi ces courtisans dont les conseils insidieux avaient perdu mon malheureux époux; je les relevai... ce fut pour les congédier à jamais. « Messieurs, leur dis-je, j'apprécie, autant que je le dois, votre empressement; mais la distance du souverain à ses sujets est toujours assez grande ; j'ai besoin de me rapprocher des miens. Pour rendre la vérité plus digne, à votre avis, d'arriver au pied du trône, votre zèle lui prête des atours qui la blessent en la parant ; je veux qu'elle me parvienne dans toute sa simplicité, dans toute sa laideur même, afin de m'accoutumer à sa vue. Retournez chez vous : là vous me servirez mieux qu'en m'environnant d'une considération stérile, dont je fais peu de cas. Redevenez citoyens, aidez vos compatriotes à supporter les charges de l'État, rendues plus légères par l'abolition d'un faste qui insultait à leur misère ; et, cessant d'être les canaux qui servaient à la ruine du peuple, soyez, s'il se peut, à l'avenir, les instrumens de sa prospérité.

« Après ce renvoi, je m'environnai de quelques magistrats connus par leurs vues bienfaisantes, et surtout par leur désintéressement. Je leur ouvris mon cœur : ils purent y lire l'amour du bien public ; ils m'aidèrent à l'entreprendre, à l'achever.

« L'agriculture, cette première source de la

richesse des nations, fixa d'abord mon attention : les produits en étaient faibles, parce qu'une grande partie du territoire appartenait aux plaisirs des nobles; je rendis promptement ces terres à la culture. L'industrie était nulle, parce que la nullité, plus absolue encore, du commerce, l'avait énervée; je fis cesser cette double inertie, en me hâtant d'aider les artisans, et surtout en faisant ouvrir des routes dans toutes les directions. Non seulement ce dernier moyen permit à mes sujets d'exporter facilement tout ce qui excédait leurs besoins, mais il procura des chemins commodes aux spéculateurs étrangers, qui laissèrent de l'or dans ma principauté, en échange des communications faciles que je leur avais ménagées.

« Ces dispositions fondamentales, secondées par le courage de mes bons Allemands, ramenèrent en peu d'années le bonheur parmi eux. J'allais jouir du fruit de ma sollicitude, lorsque, nécessairement liée au système politique de l'Allemagne, je fus entraînée dans cette confédération du Rhin, dont le chef nous fit plus d'une fois payer cher sa protection.

Je me trouvai bientôt en guerre avec l'Espagne, où l'on ignorait peut-être l'existence du pays que je gouverne : il me fallut fournir des soldats. Mon cœur saigna ; mais le contingent qui m'était assigné fut le premier sous les drapeaux de l'empereur ; le premier il s'associa aux destinées, je pourrais dire aux désastres de votre armée, chez cette fière nation que toute la puissance romaine n'avait pu soumettre; et lorsque cinq cents mères pleurent encore leurs enfans tombés sous le fer espagnol, lorsque l'absence d'une génération entière, disparue de mes États, y laisse de nouveau pénétrer la misère, on me demande un autre sacrifice : je ne puis obéir. Que votre maître m'accable du poids de sa colère; qu'il brise ma fragile couronne : je n'achèterai point sa conservation par le désespoir de mes sujets... voilà mon dernier mot.

— Ah! Madame, dis-je à la princesse quand elle eut cessé de parler, quelle altière volonté résisterait à votre éloquence entraînante ; quel pouvoir tyrannique pourrait repousser une réclamation que légitime le plus pur amour de l'humanité! Plût à Dieu que l'accent de ce saint amour retentît souvent à l'oreille des souverains qu'égare un funeste penchant pour la guerre ; ils sauraient enfin à quel prix l'ambition est satisfaite ; ils sauraient de combien de maux réels est payée cette gloire, peut-être chimérique, que l'orgueil recherche. Reposez-vous sur moi, Madame : je fais partir à l'instant un courrier pour Paris ; mon père a quelque influence dans le conseil ; j'ose espérer beaucoup de son zèle : jamais, d'ailleurs, il n'eut une plus belle cause à soutenir.

— Puisse le protecteur de la confédération du Rhin ne point tromper votre espoir, reprit en soupirant la princesse ; et si vous n'avez pas l'honneur d'avoir exécuté à la lettre les ordres rigoureux qui vous étaient donnés, du moins vous rappellerez-vous avec quelque plaisir, peut-être, que la duchesse de L*** D*** ne pourra perdre le souvenir du service que vous lui rendez. » Ces mots furent prononcés d'une voix mal assurée ; une rougeur soudaine annonça l'effort qu'ils coûtaient à la belle souveraine...

« Cette femme était un ange... Je la vis tous les jours... à quelle épreuve dangereuse ne me trouvai-je pas livré !

« Un mois s'était écoulé depuis mon arrivée dans le duché de L***; j'avais reçu de Paris des nouvelles satisfaisantes : la princesse était dispensée de fournir un nouveau contingent d'hommes. Il ne me restait donc plus qu'à continuer ma route. Mais comment aurais-je pu prendre ce parti? La duchesse, heureuse, disait-elle, de retenir dans ses États celui qu'elle en nommait le bienfaiteur, me préparait tous les jours quelque partie agréable. Pressés l'un contre l'autre dans une calèche que je conduisais, nous parcourions, sans suite, les campagnes, où mille bénédictions accueillaient à chaque pas mon auguste compagne. Quelquefois, elle interrogeait mon goût sur l'embellissement de ses châteaux; plus souvent, elle daignait me consulter relativement à des institutions utiles qu'elle projetait. D'autres fois, le dessin occupait nos soirées; de temps en temps, des parties de chasse remplissaient nos journées entières; mais plus fréquemment, surtout après dîner, nous sortions, toujours sans suite, pour entreprendre de longues promenades.

« Un soir qu'arrêtés sur la rive du Weser, nous en contemplions l'onde sinueuse, serpentant au travers d'un vallon que fermait à l'horizon une chaîne de montagnes bleuâtres, nous restâmes long-temps dans une admiration silencieuse. Nous respirions avec délices le parfum des fleurs dont la prairie était émaillée; une vapeur voluptueuse semblait répandue dans l'air. La duchesse, vivement émue, oubliait de retirer la main qu'elle m'avait présentée pour descendre de voiture; je crus entendre un soupir expirer sur ses lèvres... Le dirai-je, je sentis ma main pressée, et mon oreille attentive entendit son altesse murmurer ces mots : « Dieu, que ce spectacle est beau, lorsqu'un sentiment encore inconnu en fait sentir tout le charme... Mon ame n'éprouva jamais de si vives émotions. » Et la princesse tourna vers moi ses yeux; ils étaient noyés d'une douce langueur. La souveraine disparut : je ne vis plus qu'une femme adorable..... Je me laissai tomber à ses pieds.

«Ce mouvement détruisit le charme auquel nous étions livrés : la duchesse, rendue à elle-même, recula deux pas, et, me regardant d'un air plus noble que sévère, elle me dit :

— «Ah ! M. de Vern***, que ce procédé doit me surprendre ! qu'il est loin de justifier l'idée que je me faisais de vous ! La fougue impétueuse des jeunes Français ne m'était point inconnue; mais j'aimais à vous isoler de vos compatriotes, et mon estime démentait en votre faveur une réputation dont ils ne peuvent s'honorer qu'auprès des femmes sans vertu. Quel était donc votre dessein? Avez-vous pu croire un instant que j'excuserais un délire que votre âge même ne rend pas excusable? La sensibilité de mon sexe est-elle, selon vous, un gage certain de sa faiblesse ? Quittez, quittez, Monsieur, cette attitude, qui nous humilie tous deux ; vous me faites payer trop cher le plaisir que j'éprouvais en me dérobant, avec vous, au poids des grandeurs, et vous me faites voir, dans toute son étendue, l'imprudence que j'ai commise en vous retenant à ma cour.

«Après cette remontrance, à laquelle je n'eus

pas la force de répondre, la duchesse s'élança dans sa calèche; elle m'appela du geste à ses côtés; puis elle fit voler l'équipage léger, que je n'osai pas lui proposer de conduire. La princesse régnante de L*** D*** avait repris sur moi tout son ascendant : le respect me rendait muet et immobile; une pensée ne se présentait pas plus tôt à mon esprit que soudain la crainte en arrêtait l'expression sur mes lèvres; en un mot, le frémissement qui m'agitait en ce moment était le signe unique de mon existence.

« La duchesse parut attendrie : Vous souffrez, Monsieur, me dit-elle, en arrêtant sur moi ce regard électrique qui m'avait embrasé! Je sens que je puis avoir été trop loin... Après tout, mon imprudence est plus à blâmer encore que votre emportement. Sans doute, vous êtes coupable; oh! oui, vous l'êtes... je devais réprimer un élan indiscret; mais l'état où je vous vois m'afflige.... Je ne puis décidément vous faire un crime d'un sentiment... je ne sais pas bien ce que je veux dire... je me sens si émue d'avoir été forcée... vous devez me comprendre, M. de Vern***.... calmez-vous donc.

« Je me calmai, en effet; et, comme cela arrive souvent, je tombai d'un excès dans un excès opposé : à l'extrême honte de ma faute succéda cette fierté qui se révolte contre le reproche, quand il a cessé d'être redoutable.

« La princesse, presque menaçante, m'avait fait trembler; devenue compatissante, elle allait me rendre vain.... Pourquoi les hommes sont-ils toujours prêts à abuser de tout?

— « Madame, lui dis-je d'un ton composé, laissez-moi me repentir d'une témérité que rien ne peut excuser; je n'aurais jamais dû perdre de vue, ni la distance qui nous sépare, ni le peu de mérite que j'ai pour la franchir : vous m'avez fait mesurer l'une, et j'ai dû me rappeler l'autre. Mais si vous voyez en moi un objet de pitié, daignez au moins m'épargner l'expression d'un tel sentiment.

— Voilà beaucoup d'orgueil dans ce peu de mots, reprit la duchesse en souriant. Eh! quand vous ai-je fait apercevoir la distance dont vous parlez? ma qualité de femme ne me donne-t-elle pas assez de dignité pour me dispenser d'invoquer celle attachée à mon rang?

Tel est votre caractère, messieurs les Français : votre amour-propre est un torrent toujours prêt à tout envahir; il murmure au moindre obstacle qui s'oppose à son cours; tout ce qui ne favorise pas vos projets vous semble injuste, injurieux. Pourtant, colonel, je consens à n'accuser que votre tête, parce que j'aime mieux atteindre ainsi le caractère diplomatique dont vous êtes revêtu, ajouta son altesse en souriant, que de soupçonner le cœur d'un homme que je veux estimer... Changeons, je vous en prie, d'entretien. » Nous en changeâmes; mais quel sujet peut intéresser après celui que nous quittions? s'il est interdit à la bouche, l'imagination s'en repaît avec délices, et le silence seul succède avec avantage au discours qu'anime le sentiment dont la duchesse et moi chicanions le pouvoir.

« La voiture s'arrêta; son altesse sauta légèrement à terre; nous rentrâmes au palais.

« Je parlai ce soir-là de me retirer beaucoup plus tôt qu'à l'ordinaire; la princesse le remarqua sans doute; elle me sembla rêveuse, et, quand je sortis, elle me tendit sa main, que je saisis en tremblant. Je n'osai hasarder cette douce, cette éloquente pression si bien décrite par le tendre Par y; c'est moi qui la sentis de nouveau, lorsqu'une voix charmante me fit entendre ces mots :

— « Bon soir, M. de Vern***... Je vous ai causé du chagrin, j'en suis peinée ; oh! croyez bien que j'en suis peinée! » Je m'éloignai en cherchant à m'expliquer une telle incohérence dans les idées de la princesse; mais les femmes! les femmes! qui pourra pénétrer leurs pensées!

« On n'a pas fait la guerre durant six années, au printemps de la vie et sous un uniforme galant, sans avoir rencontré de fréquentes occasions d'observer le beau sexe dans ses penchans les plus intimes : Lorsque je fus retiré chez moi, la conduite de ma séduisante Allemande se révéla nettement à mon esprit; deux êtres bien distincts s'étaient prononcés presque en même temps, lorsque j'étais tombé aux pieds de la princesse : la femme, peu maîtresse des impressions qu'elle m'avait laissé remarquer, et tout aussitôt la souveraine allemande, blessée d'une démonstration passionnée que son rang n'avait pu comprimer. Mais il me sembla que l'ascendant de la femme se montrait plus puissant chez son altesse que celui de la souveraine, et que, malgré le mouvement de fierté que cette dernière avait laissé éclater, il ne serait pas impossible de faire conquérir les spéculations de l'orgueil par les besoins du cœur.

« Dès cet instant je m'attachai avec résolution à l'accomplissement de ce projet, auquel se mêlait une pensée vaniteuse dont je ne calculai pas d'abord toute la portée, et qui, pour le moment, je crois, se bornait à l'idée de posséder une belle femme, en dépit de sa grandeur princière. Mais lorsqu'une imagination active exploite un dessein quelconque, elle le commente, l'agrandit, le discute à fond, et en fait souvent jaillir des vues qu'on ne soupçonnait pas sur un examen superficiel. Après deux jours de réflexions, mon ambition ne s'arrêtait plus à l'espoir de soumettre le cœur de Wilhelmine de L*** D*** : je me flattais de dominer sa fierté, son rang, sa suprématie souveraine... L'avouerai-je, le troisième jour, je me laissai caresser par l'idée de devenir maître de la principauté elle-même... je m'étais dit : faire tomber une grande dame sous les lois de l'amour, ou plutôt de la nature, plus puissante encore que nous auprès du sexe, ce n'est là qu'une victoire infime, que remportèrent nos sous-lieutenans de hussards ou de chasseurs, à Berlin, à Vienne, à Madrid, sans pour cela se croire de grands séducteurs. Mais dire à une femme assise sur un trône ducal : Tu ne voudras que ce que je voudrai, tu ne feras que ce qui me sera agréable ; puis en venir bientôt à lui dire : Tu n'exerceras que le pouvoir qu'il me conviendra de te laisser, voilà le triomphe qu'il me faut obtenir, le seul qui soit digne de moi... Après tout, ce serait, par ma foi, beaucoup plus qu'un triomphe de vanité. Prince souverain, même d'un petit État, même soumis à la suzeraineté de Napoléon, je verrais accomplir pour moi, en miniature il est vrai, la destinée de nos grands de fabrique impériale.... J'agirais sur une échelle moins vaste; mais la gloire du succès serait plus réelle! eux ils ne deviennent rois ou grands ducs que par l'autorité d'un décret : on leur met une couronne au front et un sceptre à la main, de la même manière dont on investit un garde-champêtre.... Moi, je deviendrai supérieur, grace à mon mérite personnel, à la plus superbe des faiblesses humaines : à un orgueil allemand... Allons, Charles, la tâche est belle, le but éclatant... marche sans t'arrêter aux obstacles de la route : tu es en fonds pour les surmonter à la course.

« Je raisonnais là comme tous les hommes de 24 ans : à cet âge les illusions ne sont si puissantes que parce qu'elles reposent sur une ample base d'amour-propre, et qu'elles n'y laissent pas la moindre place pour asseoir la plus petite réflexion. Wilhelmine, quoiqu'à peine mon aînée de quatre années ne laissait point, ainsi que moi, la bride sur le cou de ses passions : souveraine et chaque jour spectatrice de tout ce qui s'agitait autour d'elle de penchans excentriques, elle avait déjà beaucoup vécu de cette vie expérimentale, qui ne rend pas toujours supérieure aux travers de l'esprit ou aux égaremens du cœur, mais qui, du moins, apprend à ne céder à leur invincible empire qu'avec une adresse qui dissimule ce que leur secret aurait de honteux.

« Il faut bien le dire, Wilhelmine était vivement éprise de moi; je ne tardai pas à m'apercevoir que son système de défense ressemblait à cette guerre de chicane que font encore les généraux trahis par la fortune, et qui tend à leur ménager une capitulation honorable.... Mais la princesse avait pénétré ma secrète pensée : sa perspicacité, plus subtile que ma conduite n'était prudente, découvrait sans doute le sentier, mal caché, où mon ambition marchait parallèlement avec mon amour.... Pourtant la femme tendre, la veuve passionnée se donna à moi; je crus tenir le sceptre de la principauté : je ne tenais qu'une immense déception. Je ne tardai pas d'en être convaincu, et je pus au moins me féliciter d'une grave maladresse de ma part, qui hâta cette conviction.

« Durant d'assez courtes absences de la cour de Wilhelmine, j'avais rempli la mission dont j'étais chargé auprès des autres princes de la confédération; dix mois s'étaient écoulés depuis mon départ de Paris; mais on était loin de penser, à la cour de Napoléon, que j'eusse partagé aussi inégalement cet espace de temps entre les principautés où j'avais affaire. Au retour d'un rapide voyage que je venais de faire sur les bords du Rhin, je trouvai une dépêche de l'empereur, qui, deux ou trois mois plus tôt, m'eût vivement affligé; maintenant elle me parut offrir l'occasion que je cherchais pour aborder en face la partie de mon projet dont l'accomplissement manquait encore à son exécution.

« J'entrai dans l'appartement de la duchesse, ayant à la main le message impérial, et je le lui mis sous les yeux avec une douleur affectée...

— Encore des hommes! s'écria Wilhelmine en laissant tomber le papier sur ses genoux, avec la main blanche qui le tenait.

— Et c'est d'autant plus affligeant, Madame, que je ne vois, cette fois, aucun moyen d'éluder la volonté de l'empereur.

— Ce langage m'étonne, colonel; je croyais, au contraire, qu'il existait un moyen de plus que l'an dernier : alors, Charles, je comptais sur votre complaisance ; aujourd'hui, je croyais pouvoir compter sur votre dévoûment.

— « Eh ! Madame, c'est ce dévoûment même qui me fait donner à votre Altesse le conseil d'*obéir* à l'empereur.

— « *Obéir !* voilà, Monsieur, un mot qu'un homme bien appris devait épargner à l'oreille d'une souveraine.

— « J'ai cru, Madame, que je pouvais le faire entendre à une amie.

— « Il est des sujets sur lesquels les amis mal inspirés peuvent briser leur crédit... Je vais parler nettement, M. le colonel : je sais jusqu'à quel degré de hardiesse, peut-être devrais-je dire d'audace, vous élevez vos vues.... Ce sont des espérances de jeune homme dont je dois vous guérir ; car ces espérances sont une maladie de votre vanité, qui a ses instans de délire... Vous avez pensé que la principauté de L*** D*** allait être infailliblement à vous, parce que...

— « Parce que je croyais pouvoir penser,

interrompit Charles, que votre altesse tenait plus à sa réputation qu'aux vains scrupules de son orgueil....

— « Mon cher comte, vous jugez, à ce que je vois, de la réputation d'une souveraine d'après celle des petites bourgeoises de Vienne et de Berlin; et vous avez cru bonnement que j'allais me donner un maître, parce que j'ai accordé quelque distraction à ma vie, et, si vous voulez, quelque occupation à mon cœur.... Détrompez-vous: une femme qui règne n'engage point son sceptre au jeu de ses plaisirs.

— « Alors, Madame, répliquai-je avec un sourire amer, elle s'abandonne à la critique, qui parvient à tout savoir....

— « Surtout quand l'amour-propre se croit intéressé à tout lui apprendre.... Elle s'y abandonne, si vous voulez, à cette critique, mais comme femme.... L'honneur de la souveraine reste intact.... Cet honneur-là, voyez-vous, a de plus sûrs garans que les principes mesquins du sexe en général... Il est possible, Monsieur, que je sois forcée d'obéir à l'empereur; mais c'est en tout cas le seul homme auquel j'obéirai de ma vie....Je me mets en route pour Paris sous trois jours, et, demain à mon lever, M. le colonel de Vern*** recevra son audience de congé.

— « Le monde dira que la duchesse de Vern*** réforme un favori.

— « Non, car il me sera facile de prouver que j'ai chassé un diplomate insolent... Allez, Monsieur, et ne reparaissez plus devant moi.

« Ainsi finit cette aventure durant laquelle je commis le double péché de l'orgueil et de la luxure.... Ma rupture avec la princesse de L*** D*** fit du bruit dans plusieurs cours de l'Europe; et, par une fatalité inaccoutumée, c'est moi que le scandale frappa le plus vivement, ainsi que l'avait fort bien prévu cette altière duchesse. Il est probable que le travers qu'affiche une souveraine en prenant un amant n'équivaut pas au ridicule qu'un petit gentilhomme se donne en prétendant à la main d'une tête couronnée. »

Lorsque j'eus dévoré la confession du colonel de Vern*** sous les grands marronniers des Tuileries, je m'empressai de la lui reporter;

mais je dois avouer à ma honte que ce fut après en avoir pris copie.... J'ignore quel effet produisirent sur l'esprit du cardinal Latil les révélations des deux péchés capitaux combinés dans la conduite du colonel, pendant son séjour à la cour de Wilhelmine; mais ce pécheur répentant était jésuite un mois plus tard, et nous l'avons vu évêque avant la révolution de juillet, tant il y a d'étoffe dans un mousquetaire pour faire un prélat. Cependant Vern*** ne s'est jamais flatté de devenir cardinal, comme son ex-camarade des compagnies rouges, le comte de Chabot. Celui-là appartenait à cette maison de Rohan, de laquelle, comme chacun sait, il était sorti une éminence si vertueuse, que le pape crut encore avoir à la récompenser dans la personne d'un de ses petits-neveux.

CHAPITRE V.

L'adjectif *bon*. — La veille de Noël. — Les réveillons d'un vieux soldat. — La société contemporaine. — Le valet de garde-robe sténographe.

Je vous ai parlé d'un capitaine de la garde royale, homme instruit, narrateur agréable et complaisant, que Madame la duchesse de Berri mandait volontiers auprès d'elle, pour amuser le jeune duc de Bordeaux, lorsque cette princesse faisait, avec son fils, des excursions à Bagatelle durant l'été; et l'officier conteur faisait partie des cercles de son altesse royale, qui s'amusait bien autant que le petit prince des saillies, quelquefois peu légitimistes, de celui que l'enfant appelait *le bon capitaine.*

Un soir que Henri de France avait qualifié ainsi le vieux guerrier, celui-ci répondit en riant : — « Il faut, à propos de cet adjectif *bon,* que je donne à la société une idée de l'extrême bizarrerie de notre langue. Chacune de vous, Mesdames, jugera combien cette quinteuse est peu d'accord avec la logique, dont elle devrait être l'organe fidèle.

« Nos voisins, les Anglais, qui ne font pas difficulté de dire des *bottes équitables*, et qui appellent chaque soir le garçon d'un café, *célibataire*, sont beaucoup moins plaisans en cela que les grammaires françaises où ils puisent ces bévues; ici l'erreur est sage, et le principe n'a pas le sens commun. C'est un vrai labyrinthe, pour un étranger, que nos significations *positives* et *figurées;* notre raison elle-même s'y perd quelquefois, et je ne citerai, à l'appui de mon assertion, que les innombrables acceptions de l'adjectif *bon*. A peine trouvera-t-on dans ce monosyllabe le dérivé pur et simple du mot *bonté*, en l'appliquant aux individus. Il est rare qu'on dise sérieusement, un *bon homme;* et si l'on s'en rapportait à certains censeurs arbitraires, cet adjectif féminisé ne devrait jamais appartenir à ce sexe enchanteur, en qui Legouvé

Célébra des humains la plus belle moitié.

« Le rigorisme de ces aristarques peu galans est poussé trop loin; mais je parie qu'en général les dames aimeraient mieux renoncer au bénéfice de l'épithète que de s'entendre appeler *bonnes femmes*. Quant à leurs maris, je n'en ai de ma vie rencontré un seul qu'on ait flatté en lui donnant le titre de *bon homme* : il semble se rattacher à cette qualification quelque chose de malin, qui fait naître l'idée d'une longanimité conjugale portée jusqu'à la sottise. Le discrédit du mot ne s'arrête pas là : dans toutes les relations sociales, un *bon homme* se fait accueillir avec ce sourire de pitié dont on gratifie pour l'ordinaire la simplicité; le *bon homme* est, dans nos cercles, le bouffon obligé des femmes à la mode, des dandys : c'est le niais du mélodrame de salon.

« Il peut cependant y avoir une certaine adresse, une certaine tendance spéculative, sous l'apparence de la candeur, à se laisser appeler *bon homme :* témoins les *bons hommes de lettres*, qui, sans médisance, ont plus d'un rapport avec ce bon M. Tartufe, et dans leur allure et dans leurs paroles. Il faut prendre garde aussi de s'abuser sur le compte des *bons gendarmes;* si l'on jugeait ces honnêtes militaires d'après l'immobilité impassible de leur physionomie carrée, d'après le calme stoïque avec lequel ils font aligner la queue de nos spectacles, détournent, le soir, un fiacre audacieusement engagé dans une voie interdite aux équipages numérotés, ou jettent, du haut d'un buffet des Champs-Elysées, un saucisson ministériel aux chiffonniers qui s'égaient par ordre, on pourrait sans doute croire à la bonté de ces régulateurs enregimentés de nos plaisirs et de nos opinions. Mais quand on les a vus manœuvrer aux Petits-

Pères, à la Sorbonne, au Grand-Cerf [1], il faut modifier le jugement favorable qu'avait fait porter leur figure pateline. On reconnaît alors que *bon gendarme* est une façon de parler proverbiale, revenant à *bonne* charge de cavalerie, à *bons* coups de poing, *bon* rhume de cerveau, et généralement à tout ce qui nous moleste sous une désignation bénigne.

« L'adjectif *bon* reçoit, dans les affaires, une acception particulière dont nous dirons un mot: les us et coutumes du commerce veulent qu'un homme soit *bon* quand il possède un coffre-fort bien garni; qu'il batte sa femme, assomme ses valets, fasse mourir de faim ses commis, vole ses cliens, il n'en est pas moins *bon*, excellent même, parce qu'il fait, tant que cela lui convient, honneur à sa signature. Par opposition, le père de famille sans vices, sans intrigue, mais sans argent, est *mauvais*, excessivement mauvais; il

[1] Ceux de nos lecteurs qui se rappelleront les émeutes survenues en ces lieux, par suite des *rigueurs salutaires*, se souviendront aussi qu'on ne se contenta pas d'*empoigner*... Les sabres et les balles furent du jeu. On préludait.

ne vaut rien du tout... S'il tarde huit jours à remplir ses engagemens, on doit le poursuivre, vendre ses meubles, l'emprisonner, le pendre... non, pas encore, mais cela pourra venir... Tout cela sera trouvé parfait, délicieux, et notre législation commerciale appuiera ces rigueurs de sa lumineuse autorité... Revenez, après quelques années, dans le quartier qu'habitaient le négociant *si bon* et le particulier *si mauvais* : ce dernier aura payé ses dettes ou sera mort à la peine ; l'autre aura balancé ses comptes par un bilan, avec allocation de 5 pour cent à ses créanciers, et aura fait un voyage d'agrément à Bruxelles, d'où il sera revenu plus riche, conséquemment *meilleur* que jamais.

« Que de réflexions il y aurait à faire sur les *bons* pères de la foi, sur les *bonnes* brioches qu'ils ont commandées à MM. tels et tels, sur les *bons* et loyaux services qu'ils ont rendus à des gens qui veulent absolument que nous prenions pour *bon* tout ce qu'ils font, et qui, pourtant n'ont ramené le *bon* temps que pour eux et pour ceux qui ont digéré leurs *bons* dîners!... Arrêtons-nous dans notre énumération : on pourrait écrire de *bons* volumes contre un millier de *bons* abus; mais n'oublions pas que de *bonnes* raisons ne sont pas toujours des argumens heureux, lorsque l'on vit sous l'influence des *bons* hommes qu'appuie une *bonne* police, que servent de *bons* gendarmes, qui peuvent lancer contre nous un *bon* mandat d'amener, et reléguer notre liberté derrière de *bons* verroux.

Tout le cercle de Madame cria bravo; mais Caroline déclara au capitaine qu'elle ne le tenait pas quitte pour ce jeu ingénieux d'à-propos. Ce n'était là, disait son altesse royale, que le prélude de sa tâche narratrice obligée... « Ah! j'y pense, ajouta presque étourdîment la princesse, c'est aujourd'hui la veille de Noël; quand mon fils sera couché, vous nous direz, après un exorde quelque peu déclamatoire, quelque peu jacobin, si vous voulez, sur la solennité de demain, ce que vous faisiez dans votre jeunesse à pareil jour.

— Hélas! Madame, s'écria jésuitiquement le capitaine, que me demandez-vous là? Je prie votre altesse royale de remarquer que ma jeunesse s'est écoulée au milieu des camps, et que le réveillon d'un soldat n'est pas toujours exemplaire.

— N'importe, n'importe, capitaine ; le duc de Bordeaux se retire ; nous n'avons pas ici d'oreilles ingénues [1] ; racontez-nous des réveillons pittores ues ; mais auparavant la petite digression philosophique : il n'y a pas là d'écouteurs affidés du sévère Latil, qui me fait si souvent de grosses querelles, parce qu'il prétend que je vais trop souvent au Gymnase. Ah ! ah ! ah ! excellent cardinal...... Capitaine, nous vous écoutons.

— Amis des lumières et de la philosophie, reprit l'officier moraliste, en imitant avec quelque affectation le ton d'un orateur d'athénée, je vous abandonne les jésuites de robe longue ou courte ; frappez aussi d'une critique sévère les brillans équipages des évêques ; opposez

[1] Au moment où son altesse royale disait cela, il se trouvait dans son salon deux ou trois demoiselles-professeurs, âgées de vingt-cinq à vingt-six ans. Mais sans doute la princesse pensait, comme mademoiselle de Montpensier, qu'après vingt-cinq ans il n'y a plus de virginité d'oreille.

l'abstinence des anachorètes du désert aux festins somptueux des princes de l'Église moderne; comparez la bure des patriarches aux dentelles de nos sibarites mitrés ; humiliez leur pompe épiscopale par le tableau des misères de Job; mais, de grace, laissez-nous nos bons curés de campagne : ils coûtent si peu... Les trésors du budget, qu'on voit se répandre à flots pressés chez les hautes puissances sacerdotales, ne coulent qu'en minces filets vers le presbytère obscur qu'ombragent de vieux chênes. L'or, qui reluit sur le dôme orgueilleux, ne brille point au sommet du clocher rustique. Là, cepenpendant, le Seigneur envoie l'espérance à l'infortune; là sa bonté infinie préserve le pauvre de l'ambition.

«Je ne suis point un esprit fort; je me laisse doucement aller aux habitudes de mes pères, et tout en cherchant à purger ma raison de leurs préjugés, je révère leur culte consolateur. Avec quelle émotion j'ai suivi, cet été, la procession de la Fête-Dieu, à travers les bocages d'une paroisse rurale! Il me semble voir encore cette croix, ce dais, ces blanches aubes, circulant au milieu des massifs de verdure. Je vois ce nuage de roses et de bluets répandu dans les airs par des mains pieuses, et qui retombe, en feuilles légères, sur la foule groupée autour du vénérable pasteur.

—Bien! très-bien! murmurèrent les auditeurs.

— Lorsque, dans sa course rapide, continua le capitaine, l'année ramène les frimats, j'assiste à d'autres solennités imposantes. Hélas! j'en ai déjà compté beaucoup : le temps a multiplié sur ma vie ces bornes où se rallient nos pensées religieuses. Sous combien d'aspects s'offre à ma mémoire cette fête de Noël que célèbre aujourd'hui notre piété! Que d'épisodes s'y rattachant je retrouve en jetant un coup d'œil rétrograde sur ma carrière nomade et aventureuse! me voici dans le vieux château de la Tourraine, où mon oncle achève, au sein des jouissances casanières, une existence long-temps consacrée à la gloire des armes. La famille, protégée par un bon paravent contre la bise qui siffle dans les corridors, se presse autour d'une vaste cheminée, où brûle, en pétillant, la bûche classique de Noël. Le commandant, assis dans son gothique fauteuil de tapisserie, raconte, pour la centième fois, peut être, ses explois de Valmy, de Jemmapes et de Fleurus, qu'ont surpassés, de son aveu même, ceux d'Austerlitz, dont je viens de lire sur le *Moniteur* le bulletin prodigieux. Tout-à-coup, le son argentin de la cloche unique du village se balance dans un air raréfié : c'est le dernier coup de la messe de minuit... On se lève; mon oncle a revêtu son vieil uniforme de dragon, que recouvre un épais vitchoura; ma tante, enveloppée d'une pelisse fourrée, s'arme de tout son courage contre l'atteinte prévue d'un froid piquant; tandis que ma jeune cousine, couverte d'un simple châle, a compté sur le coin de mon manteau pour suppléer à l'insuffisance de ce rempart, trop léger contre les rigueurs de l'hiver. Nous partons : le garçon de ferme, muni d'un bâton et d'une lanterne, ouvre devant nous, dans la neige, un sentier que de nouveaux flocons referment sur nos pas. Nous arrivons au temple... chacun se livre avec ferveur à ses devoirs pieux.

« Après l'office, la famille revient au château, dans le même ordre qu'elle a suivi pour se rendre à l'église; amenant le respectable curé, dont la foi solide ne recule point devant la gaîté d'un réveillon. Il vide sans scrupule quelques verres de Chambertin et d'Aï, parce que demain, au prône, il ne lancera point l'anathême contre les récréations innocentes du monde : il n'atteindra pas d'une morale sanglante les bals, les concerts, les spectacles ; et se gardera bien de vouer au feu les erreurs écrites du génie. Il les combattra, et bénira l'écrivain, afin que le ciel l'absolve.

« C'est ainsi que je célébrais la fête de Noël en 1805; mais qui pourra calculer la mobilité des destinées.

« En 1806, à pareille époque, je ne sentais plus battre le cœur de ma petite cousine sous le pan de manteau dont je l'abritais, l'année précédente, en me rendant avec elle à la messe de minuit. Porté sur l'aile de la guerre à quatre cents lieues du vieux manoir de mon oncle, je glissais, en traîneau rapide, vers un temple polonais, à côté d'une jeune comtesse, veuve d'un vaivode du pays. Aux premières heures du jour, nous terminions à table, dans son château de sapin, la plus aimable des veillées... Mes compatriotes avaient planté leurs aigles sur les bords de la Vistule... et l'on sait qu'il est toujours complet le réveillon de la victoire.

« L'année suivante, la veille de Noël me trouva plus spécialement engagé dans les solennités du jour... : Je dus offrir ma main à une *grande* quêteuse, au chef-lieu de mon département. Quel que soit le mérite attaché à cette mission paroissiale, je n'en ai conservé que le souvenir d'une corvée : en effet, quel autre nom pourrait-on donner à l'obligation de s'embarrasser les jambes, vingt fois par minute, dans la queue d'une robe de crêpe ou de soie noire, sous la protection du suisse, de sa hallebarde et de ses épaulettes de sacristie? Heureusement ma corvée de 1807 avait eu des précédens, et elle promettait un avenir.... ; mais un ordre de service intempestif, qui m'envoyait en Espagne, trompa mes espérances.

« A Madrid, en 1809, mon réveillon fut peu

gracieux : sous le prétexte d'une patrouille nocturne, j'avais déposé quelques instans la chaîne qu'une noble castillane m'imposait alors, et j'étais loin de me douter que son œil jaloux me suivît sous les voûtes, à peine éclairées, du temple où j'étais allé *prier*.... Je priai en effet la plus piquante Andalouse d'écouter l'expression d'un amour né de la veille, lorsqu'une femme, enveloppée d'une vaste mante, me joignit derrière un pilier; et certain coup de poignard, que dirigea par bonheur une main peu assurée, m'avertit que ma fière *senora* n'avait pas cru à la pureté de mes oraisons.

« En 1810, ma trentième année sonna avec le premier coup de la messe de minuit; et quand nous avons compté trente ans, il n'est plus aucun de nos réveillons dont le récit puisse être piquant : je passe donc sous silence tous ceux qui se sont succédé dans ma vie depuis ce moment-là.... A trente ans, Mesdames, on doit assister doucement à la vie, comme un acteur descendu de la scène, et qui se place au parterre de son propre théâtre.

— Ah! capitaine! capitaine! s'écrièrent dix voix de femmes à la fois.

— Pardon, pardon, Mesdames, je ne croyais pas m'être rendu coupable d'une personnalité... Ordinairement il ne se trouve nulle part de dames ayant atteint la trentaine....

Après cette joyeuse interruption, le philosophe en épaulettes ajouta : je n'ai plus rien à dire sur la fête de noël; mon répertoire est épuisé.

— Entamez un autre chapitre, répliqua vivement madame la duchesse de Berri; vous nous disiez l'autre jour, capitaine, que vous aviez observé, étudié, sur toutes ses faces, cet amalgame de bonnes et de mauvaises choses qu'on appelle la société.

— Je l'ai observée et étudiée, Madame, cette société qu'on voit partout, mais qu'on ne peut définir nulle part.

— Mon Dieu, que me dites-vous-là, moraliste fâcheux, s'écria son altesse royale avec une rieuse exaltation : on pourrait croire, à vous entendre, que la société moderne est une autre Babel, où règne la confusion des langues.

— La confusion des langues, non, Madame; mais celle des principes, des opinions, des intérêts, des passions : cette Babel-là est bien pire que l'autre, ma foi.

— Hé bien, voyons, capitaine, voilà votre sujet tout trouvé : donnez-nous un petit discours sur le salmigondis social... Cela ne peut être que fort piquant.

— Je ne promets pas à votre altesse royale que cela soit aussi gai....

« La société !.... poursuivit notre vieux brave en prenant, cette fois, le ton d'un prédicateur en chaire.... la société! il y a pourtant encore d'honnêtes vieillards qui croient que l'on s'entend sur la signification de ce mot : c'est une immense erreur. La société, telle qu'on la concevait jadis, c'est-à-dire cette grande, cette tourbillonnante famille des intérêts, des vues où des calculs différens, venaient se fondre dans un ton général de convenance, de politesse, et presque toujours de fausseté, n'existe plus en France.

« A la suite des révolutions, les hommes conservent en eux le principe des passions qui sortent de la lice politique, ou qui s'y agitent encore. Dans cet état de tension, les caractères ont peu de flexibilité; ils sont susceptibles, irritables; la moindre étincelle, jetée au travers des relations sociales, produit un incendie, et, par malheur, les liens de l'ancienne société, la galanterie et la gaîté, sont entièrement rompus parmi nous. Non que le Français ait cessé d'être sensible; mais il affecte auprès des femmes une sorte de dignité : car il faut que vous sachiez, Mesdames, que la dignité est aujourd'hui notre *dada;* que nous avons de hautes prétentions à la sagesse; que nous traitons les Français du 18e siècle, y compris même les encyclopédistes, de frivoles saltimbanques, qui ne savaient que danser et faire des fricassées de poulet, ainsi que l'a écrit Montesquieu après une mauvaise digestion. Les contemporains, au contraire, sont des penseurs profonds, des philosophes dédaigneux de futilités, de distractions amusantes, de gentilles fleurettes contées au beau sexe. Les amours ont abjuré tout cet appareil mythologique qui les faisait dégénérer en fadaises :

plus de myrtes, plus de flambeaux, plus de flèches allégoriques; mais des talons éperonnés qui déchirent les robes, de tendres entrevues, la cravache au poing, et le cigarre brûlé, en guise d'encens, sur l'autel de la beauté.... Voyez-vous déjà comme la dignité perce dans tout ceci.... Ne riez pas, Mesdames; il y aurait du mécompte dans votre inopportune hilarité : la littérature, cette expression de la société, est là pour vous prouver que nous touchons à l'apogée de la civilisation. Voyez les journaux : que de logique, que d'impartialité, que de justice, en politique. Voyez les feuilletons : que d'encouragemens équitables donnés aux sciences, aux lettres, aux arts; que de mépris pour les coteries; que de bienveillance; quelle absence de jalousie. Voyez les romans : vous n'y trouverez plus cette infâme gravelure qui déshonore les compositions du 18e siècle : nos romanciers, essentiellement moraux, ont abjuré ces hideuses guenilles, rebut des petites maisons.... Les passions, sous la plume d'acier de notre jeune littérature, se montrent puissantes, comme la pensée de ceux qui les mettent en œuvre; bien plus, la verve oseuse des écrivains du jour a tracé dans la vie des routes nouvelles, où le cœur et l'esprit s'engageront assurément, si jamais la raison parvient à les découvrir.... sur mon ame, la morale est en grand travail de progrès; quelques mots encore, Mesdames, et vous en êtes convaicues : chaque année la consommation du vin de Champagne s'accroît en France de cent mille bouteilles; le nombre des suicides va toujours croissant, et l'augmentation du chiffre des enfans-trouvés suit la progression des bouteilles de vin de Champagne.

— Capitaine, s'écria madame la duchesse de Berri, toute larmoyante d'hilarité, je crois que vous vous moquez de nous.

— Non, Madame, se sont les gens enthousiasmés de nos progrès moraux qui se moquent de la génération présente, en l'égarant, chacun à sa manière, chacun selon sa rêverie favorite : ici les saint-simoniens, là les fourriéristes, ailleurs les psychologues, plus loin les sensualistes.... et partout des théoriciens absolus, inflexibles, imposant leur croyance l'injure, à la bouche, l'insulte sous la plume, et, pour peu qu'on les contredise, le pistolet au poing.

« Ainsi, la disposition actuelle des esprits rend impossible toute société homogène; il existe dans le monde autant de fragmens de sociétés qu'il y flotte de bannières politiques, religieuses, scientifiques, littéraires, industrielles; autant qu'on y rencontre de sectes raisonnables, raisonneuses, ou seulement habiles; autant qu'on y compte de partis accrédités, d'utopies en faveur. Mille principes opposés roulent dans le système intellectuel; ils se heurtent, se froissent, se repoussent en gravissant vers le centre propre à chacun; et si, par hasard, quelques uns d'entre eux se fourvoient dans une sphère étrangère à leur nature, le désordre suit immédiatement. Nous voilà donc obligés d'admettre, pour expliquer nos inclinations, ces puissances attractives et répulsives qui furent si long-temps l'objet d'une controverse parmi les savans; et la question, maintenant résolue, des affinités trouve sa confirmation dans un point de morale.

« Tenons-nous pour dit que la société de notre époque est essentiellement divisée : le politique ne la voit que là où ses opinions sont accueillies et jamais combattues ; l'ultramontain ne la reconnaît que dans les réunions où l'on est disposé à croire sur parole, à soumettre servilement sa volonté, à condamner au silence sa raison ; l'ambitieux la veut composée exclusivement d'hommes qui favorisent son égoïsme, et que puisse aisément duper son intrigante tactique. Pour le savant, l'homme de lettres, l'artiste, la société c'est le cercle où l'on érige leurs ouvrages en chefs-d'œuvre; pour l'industriel, celui où l'on met un prix élevé à ses produits ; pour le guerrier, celui où l'on vante sa valeur ; pour la coquette, celui où l'on rend hommage à ses charmes ; pour la beauté ingénue, celui où son jeune cœur est ému.

« Avec ces élémens hétérogènes, il paraît bien difficile de reconstituer la société telle qu'on la concevait jadis : devons-nous en être affligés?

non. Cette combinaison avait besoin d'être refondue; mais il fallait qu'elle le fût avec discernement. La France nouvelle a fait bonne justice de ce vernis à fleur de relations qu'on appellait *l'exquise politesse*. Ces oripeaux de la vieille civilisation ont perdu sans retour leur éclat, comme les madrigaux de Dorat et la *sensiblerie* de d'Arnaud ont perdu leurs charmes. Mais notre siècle, né dans le tumulte des armes, bercé par des chants guerriers, a trop conservé de cette rudesse qui marqua ses premiers élans : il fallait enlever de l'édifice social les futiles enjolivures qui ne pouvaient plus convenir à nos goûts; on a cru mieux faire en renversant cet édifice de fond en comble, et on l'a reconstruit sous l'empire d'une effervescence qui n'en a pas su assortir les matériaux. Disons, néanmoins, que, s'il existe du désordre dans notre système moral, les bons élémens y dominent; ce qu'il manque de courtoisie à la génération actuelle est plus que compensé par ce qu'elle a su acquérir de franchise. Ne souhaitons donc pas que cette société grimacière, que nous osions offrir pour exemple à l'Europe affadisse de nouveau nos caractères! Sans doute les hommes se doivent des égards; mais ils se doivent avant tout la vérité; car c'est un triste moyen d'estime qu'un échange de mensonges officieux. »

Vous me demanderez peut-être comment les discours et les récits du capitaine ont pu parvenir à ma connaissance avec une précision de phrases et de mots qui ne se logent guère dans la mémoire d'un frotteur. Je vous répondrai qu'un frotteur, décidé de longue main à se faire mémorialiste, peut avoir ses séductions, tout aussi bien qu'un ministre qui cherche à composer une majorité représentative : si l'excellence moyenne des titres, des croix, des dîners, le frotteur use des demi-tasses, des petits verres avec bain de pied; et, dans les circonstances décisives, il risque un petit couvert chez Goupil.... J'avais au château, durant les dernières années du règne de Charles X, un ami de jeunesse qui, d'une chaire de quatrième, dans un collége, était tombé, de disgrace en disgrace, jusqu'à l'emploi de garçon de garde-robe chez madame la duchesse de Berri.... or, mon ami savait parfaitement écouter aux portes, et personne ne sténographiait plus lestement que lui.

CHAPITRE VI.

La cour d'un prince allemand. — Le dîner du grand chambellan. — Le banquier de Francfort. — Le prince et son tailleur. — De l'eau bénite de cour. — Mieux encore. — Mœurs russes. — La liberté, qu'est-ce que cela ?

Le garçon de garde-robe sténographe dont je vous parlais à la fin du chapitre précédent vint me dire un matin, dans la galerie de Diane, qu'un gentilhomme de Madame, qui avait été chargé d'une petite mission diplomatique auprès d'un prince régnant de la Basse-Saxe, était revenu de la veille, et qu'il avait promis de raconter quelques épisodes curieux de son voyage. Mon ami l'ex-professeur m'offrait de sténographier les récits du gentilhomme; une attention aussi prévenante valait un petit verre d'élite, et l'avis lui-même en méritait un second : ce double préalable fut versé dans un café borgne du Carrousel. Mon ami regagna ensuite son poste, moi j'allai reprendre ma brosse; le traité était signé.

Le surlendemain, dans la soirée, mon homme me remit un petit cahier sur lequel je ne vis que du grec : « C'est à faire à mon fils l'avocat », dis-je en remerciant le sténographe. Le jour suivant la relation du gentilhomme était traduite en langage vulgaire; je n'ai fait que la coller à mon cahier avec des pains à cacheter ; la voici :

« Une fois sur le territoire germanique, je mis encore vingt-quatre heures à me rendre chez mon prince saxon, bien que sa résidence ne fût éloignée du Rhin que de trente lieues. On sait avec quelle gravité les postillons allemands conduisent leurs chevaux ; on sait quel flegme accompagne le *Klaie*, *Klaie* qu'ils opposent aux discours stimulans des voyageurs français; on sait enfin qu'à la moindre plainte adressée aux maîtres de poste sur la lenteur du relais, ils exhibent avec un imperturbable sang-froid le réglement, ayant force de loi, qui leur accorde trente-cinq minutes pour changer de chevaux, c'est-à-dire environ quinze fois plus de temps qu'on n'en met en France.

« Après avoir bâillé souvent, réfléchi quelquefois, dormi par intervalle, le tout au son du cornet des postillons, qui en mon honneur avaient soufflé la *Tyrolienne* jusqu'à perdre haleine, j'entrai dans la capitale d'un des plus fiers alliés de la France; ce qui, quand on parle d'un prince germain, ne veut pas dire un des plus puissans. Celui-ci compte environ cinquante-quatre mille sujets, et les superbes empereurs d'Orient ne furent jamais retranchés derrière une barrière de formalités comparable à celle qu'il me fallut franchir pour arriver à lui. Je voulais, au débotté, me rendre chez le duc; mais on me fit observer que son altesse ne donnait pas audience si facilement. Je me mis donc au courant du cérémonial accoutumé, et j'en pris note de peur d'oubli. Mes tablettes à la main, je me transportai chez un conseiller ordinaire, qui me présenta à l'un des conseillers auliques; celui-ci établit mes relations avec le grand-chambellan, dont la bienveillante intercession aplanit les difficultés que j'aurais rencontrées auprès du chambellan de service; lequel, secondé du grand-maître et de trois aides des cérémonies, me fit arriver au prince, à travers une triple haie de pages, de gardes et de valets, lorsque, dûment interrogé, j'eus été reconnu noble au nombre de quartiers voulu pour être digne d'entrer en rapport direct avec son altesse.

« Notre entrevue ne fut pas longue : Je venais redemander au duc une somme de cinq cents mille livres, qui, dans une crise difficile, lui avait été prêtée par le trésor de France, en commémoration d'un excellent déjeuner qu'il avait donné jadis à sa majesté Louis XVIII. Le fier Saxon me répondit qu'il allait ordonner à son banquier de Francfort que ces fonds me fussent remis, et que je les toucherais infailliblement à mon passage dans cette ville. Son altesse me chargea ensuite de ses complimens pour *son allié* le roi de France; puis elle me congédia d'un air qui signifiait : « Petit noble, » tu peux te flatter d'avoir obtenu là un hon- » neur joliment rare. »

« En récompense, les dignitaires dont je viens de parler, et auxquels je ne puis en conscience refuser une urbanité toute particulière, me prièrent, en m'étreignant les doigts à me faire crier, d'accepter vingt dîners... Je frémis : il me sembla voir tout l'appareil de la cuisine allemande réuni contre ma sensualité. Cependant je remerciai ces messieurs fort poliment, en témoignant à chacun d'eux le regret de ne pouvoir accepter leurs offres cordiales; mais je leur déclarai que, mon départ étant irrévocablement fixé au lendemain, je ne pouvais me rendre qu'à une seule invitation. L'ordre de préséance, sur lequel on est très-scrupuleux en Allemagne, m'appelait à la table du grand-chambellan; je le vis sourire de son triomphe... je pourrais ajouter de ma défaite.

« Le grand-chambellan d'une petite principauté d'Outre-Rhin dîne à deux heures précises ; je crus qu'il était de mon devoir d'arriver à une heure. Je trouvai Son Excellence dans son salon, qu'elle parcourait en y répandant une épaisse fumée de tabac. Après les premiers complimens, mon amphytrion me demanda la permission de finir sa pipe : cette demande seule était une grande politesse, car il n'y eut jamais de raison pour qu'un ambassadeur français fît éteindre la pipe d'un grand-chambellan bas-saxon. Or, c'est particulièrement lorsqu'ils fument que les Allemands se montrent profonds raisonneurs : j'aurais peine à me rappeler tout ce que mon hôte me dit de lumineux, en rendant de fréquentes visites à certain petit vase rempli de cendre, dont je n'indiquerai pas autrement l'usage.

Les dames, que, malgré l'importance de la conversation, j'attendais depuis long-temps, parurent enfin, brillantes d'embonpoint et surtout de parure. Madame la baronne, qui déjà comptait, ou plutôt ne comptait plus dix lustres bien accomplis, était étincelante de diamans : il faut éblouir lorsqu'il n'est plus permis de charmer, c'est un principe universel. Quant aux deux filles du baron, leur toilette était un composé de gazes, de dentelles, de fleurs, de plumes, de dorures ; une indéchiffrable macédoîne d'atours, un kaléidoscope où toutes les couleurs du prisme juraient les unes contre les autres. Malheureusement, les charmes de ces demoiselles avaient besoin d'être relevés, et je ne sais si cet ambigu de toilette faisait une compensation suffisante.

« Je donnai la main à la baronne, et nous passâmes dans la salle à manger, où des pastilles du sérail exhalaient un parfum qui permettait à peine de respirer. Enclavé à table entre la maîtresse de la maison et sa fille aînée, je prévis qu'il me faudrait faire *demi-tour à droite et manger de côté;* heureux si j'en eusse été quitte pour ce désappointement!

« Au lever du potage, dont il m'avait été impossible de reconnaître la nature, tant il était fade, parut l'unique service sur lequel nous eussions à nous ébattre : un quartier de veau pesant quinze livres en était la pièce principale ; le surplus se composait de tartines de pain noir empilées, correspondant à un plat de pruneaux au vinaigre ; plus du jambon cru, coupé fort mince, opposé à une salade nageant dans un océan de vinaigre aqueux. Tel était le festin que m'offrit le grand-chambellan. J'avais jeté mon dévolu sur le veau, et je comptais bien m'en tenir là... vaine résolution ! la baronne, fidèle à l'usage perfide de son pays, amoncela sur mon assiette de tous les plats à la fois ; en sorte que, malgré ma répugnance, force me fut d'attaquer ce pot-pourri de mets. J'espérais du moins que quelques verres d'un vin délicat viendraient à mon secours dans cette circonstance difficile : je cherchai d'un œil inquiet les bouteilles, il ne s'en trouvait point sur la table ; il fallut encore me résigner. En Allemagne on ne boit qu'au dessert, si l'on n'est pas étouffé quand il arrive. Ayant eu le bonheur d'échapper à ce genre de supplice, je fus amplement dédommagé lorsque ce dessert tant désiré parut : on me versa rasade sur rasade, et je me vis bientôt obligé de ne plus vider mon verre, pour éviter qu'on ne le remplît.

« Le café coula pendant une grande partie de la soirée ; car en Saxe on ne se contente pas, comme chez nous, de la *demi-tasse* : les convives sont condamnés à une sorte de question au café, que l'on pourrait également appeler question à l'eau, eu égard au goût et à la couleur du liquide... J'étais vraiment inondé après cette trop impérieuse libation.

Dans la soirée, la fille aînée du grand-chambellan se mit au piano ; hélas ! je devinai, dès les premiers accords, qu'un nouveau supplice allait m'être appliqué : une voix aigre, que soutint une main tâtonneuse, me fit entendre un morceau italien dans lequel, malgré le plus bizarre travestissement, je crus reconnaître le joli air : *Nel cor più non mi sento.* Pauvre Cimarosa, comme tu fus déchiré ! La sœur cadette, ayant pris à l'instrument la place de son aînée, ouvrit un concerto qu'elle frappa d'une si rude manière, que je serais incontestablement sorti sourd de chez le baron, si je n'eusse trouvé le temps de tirer ma rêvérence entre l'*andante* et l'*adagio*. Ce ne fut pas sans avoir remercié mes hôtes de leur excellente réception; et les éloges que je prodiguai aux musiciennes durent satisfaire leur amour-propre. Néanmoins, l'exécutante parut un peu fâchée que j'eusse pu prendre sur moi de me soustraire au plaisir qu'elle me promettait encore.

« J'avais ordonné qu'on m'amenât des chevaux à la pointe du jour; j'aurais pu dormir au moins cinq heures avant qu'ils arrivassent; mais on laisse tant de choses regrettables à Paris! même quand on s'en éloigne pour un court espace de temps (regard significatif porté sur une des grandes dames de l'assemblée). Je ne pus donner que deux heures au sommeil: ce fut à peine assez pour me remettre de ma séance chez le grand-chambellan.

« Je n'avais rien de mieux à faire que de revenir à Francfort, où le banquier du prince saxon devait me remettre infailliblement un demi-million en traites sur Paris.

« En arrivant dans l'ancienne résidence de la diette germanique, je me rendis chez le dépositaire supposé des énormes capitaux de son altesse; lequel prit la liberté infiniment grande de me rire au nez, quand je lui eus exposé le motif de ma visite, comme la conséquence d'un ordre de paiement qui, sans nul doute, devait lui être parvenu.

— Mais, Monsieur, dis-je au banquier d'un ton qui marquait mon mécontentement, ce que je viens de vous dire est sérieux.

— C'est précisément, Monsieur, parce que vous parlez sérieusement que la chose me paraît plaisante.... Je vais m'expliquer, et vous conviendrez, j'en suis sûr, que le prince a de singulières idées. Vous êtes la quatrième personne, cette année, en faveur de laquelle son altesse tire librement sur moi, sans que j'aie un thaler à sa disposition. Il est bien vrai que, par sa correspondance, ce duc régnant me promet de balancer incessamment le débit, déjà fort considérable, qu'il a sur mes livres; mais en matière de finances, les promesses, même lorsqu'elles émanent des souverains, ne sont dignes de confiance qu'autant qu'elles se basent sur des calculs rassurans. Or, rien ne l'est moins que la perspective financière du prince débiteur de sa majesté Louis XVIII. D'ordinaire les têtes couronnées comptent sur les revenus de l'État pour acquitter leurs dettes ou couvrir leurs emprunts ; hé bien, son altesse voit constamment la fin de ses ressources annuelles avant que l'année soit finie ; comment pourrait-elle faire des économies destinées à couvrir l'arriéré ?

« Incontestablement votre illustre débiteur est un des plus grands princes de l'Allemagne, si la grandeur doit être déterminée par l'extension inconsidérée du luxe et de la représentation, par le goût des plaisirs dispendieux, et par un penchant décidé pour les amours qu'on ne fixe qu'à grand renfort de subsides. L'année dernière, son altesse, s'étant éprise durant la saison des eaux de Baden, d'une cantatrice italienne, charmante, j'en conviens, fit venir à grands frais dans sa toute petite capitale, la troupe à laquelle cette sirène d'Ausonie appartenait... Cette folie coûta au duc les yeux de sa tête : je parie qu'il ne sortit pas une seule note de ces gosiers italiens qui ne revînt au prince à un napoléon d'or... Jugez à quel prix furent les soupirs de la *Prima-Donna*.

« Vous conviendrez, Monsieur, continua le banquier, que ceci tient du délire, quand, pour parler sans figure, le prince ne paie pas ses culottes... Et ne croyez pas que j'exagère... son altesse ne paie pas ses culottes : c'est à la lettre, et je vais vous le prouver.

« Quoique le prince ne paie pas son tailleur, il veut être toujours parfaitement habillé ; il a cela de commun avec vos dandys de Paris : moins ils donnent d'argent à ce bénévole industriel, plus ils exigent de son goût et de sa patience à refaire, rétrécir, repincer. Mais, au moins, eux, ils posent dans les spectacles, dans les promenades, et cela procure au tailleur des cliens..... qui leur ressemblent.

« Le duc régnant que vous venez de visiter se fait habiller, à Paris, par un nommé Félix H***, auquel il ne doit pas moins de quatre-vingt mille francs. Il ne se passe guère d'année que ce brave homme ne fasse un voyage sur les bords du Rhin, dans l'espoir de recevoir quelque parcelle de sa notable créance, et jamais je ne l'ai vu emporter un sou. Il arrive toujours avec des dispositions hostiles; promettant de parler vertement à l'altesse indéfiniment retardataire; jurant qu'il livrera son nom aux échos de la presse; affirmant même qu'il fera traduire le prince au ban de la diète.. C'est ainsi que M. Félix H*** parle en allant chez son débiteur; lorsqu'il en revient, ce n'est plus cela : il paraît que le duc en revendrait au Don Juan de Molière dans l'art d'endoctriner M. Dimanche... Le pauvre tailleur retourne toujours à Paris comblé de politesses, de commandes nouvelles, et de promesses renouvelées... J'eus un jour la curiosité de me faire expliquer l'inimaginable magie que l'altesse saxonne pouvait exercer sur son créancier parisien; et j'acquis la certitude, par le récit que celui-ci me fit que l'orgueil allemand lui-même sait fléchir à la sollicitation de l'intérêt.

« Lorsque le prince voit arriver le réclamant voyageur, il court au devant de lui, l'embrasse, le presse sur son cœur, et lui jure qu'il le revoit toujours avec un nouveau plaisir... absolument comme dans un discours du trône. Le tailleur H*** est admis à la table de son altesse; le cuisinier a l'ordre de préparer les mets qu'il préfère; on fait un appel aux réserves les plus délicates de la cave du prince ; et la musique, qui joue pendant le dîner, exécute les airs qu'on a entendu fredonner à H*** en se promenant dans les jardins de la résidence.

« L'industriel parisien, qui, du reste, représente infiniment mieux qu'un conseiller aulique, est invité à tous les cercles de la cour; il lui est arrivé de danser avec des baronnes pourvues des seize quartiers... et ce n'est pas leur faute s'il n'a pas fait mieux. Mais voici quelque chose qui surpasse tout ce qu'on peut attendre du deni de fierté d'un grand seigneur allemand. Il faut vous dire d'abord que le prince qui s'est offert à vous si haut, si gourmé, passe son bras sous celui de Félix H*** pour se promener, le matin, dans le parc; il l'appelle son ami : il n'y a plus là que deux altesses... ou, si vous voulez, deux tailleurs. Un matin donc que ce couple se promenait ainsi, bras dessus, bras dessous, une jeune et jolie Allemande attachée au service de la princesse vint à passer près des promeneurs. H***, connaisseur en beauté comme en casimir, ne put retenir son exclamation.

— Voilà une belle personne !

— Est-ce qu'elle vous convient, mon cher? répondit le prince en riant.

— Monseigneur, je crois qu'elle conviendrait à tout homme de goût.

— Non, mais voulez-vous d'elle ?...

— Mon prince, je suis marié depuis longtemps.

— Raison de plus... je vous enverrai cette petite Allemande...

— Monseigneur plaisante avec une gaîté charmante.

— Vous verrez que mon offre est sérieuse... aussi sérieuse que la matière le comporte...

H*** persista à penser que le prince voulait s'amuser à ses dépens ; le soir, lorsqu'il fut retiré dans le joli petit appartement qu'il occupait dans le palais ducal, il se disait peut-être, en songeant à la séduisante soubrette du parc : Quel dommage pourtant que son altesse ne me l'ait offerte que pour rire... Il parlait encore, lorsque l'on frappa doucement à la porte; le tailleur parisien courut ouvrir... C'était elle... elle, l'adorable camériste...

— M. H***, lui dit-elle, tandis qu'il la regardait d'un air ébahi, je viens vous demander si vous voudriez bien vous charger d'une lettre pour une de mes amies, qui est en condition à Paris?

— Certainement, Mademoiselle, répondit le tailleur avec le plus gracieux de ses sourires... puis il ajouta tout bas : Excellent prince, va... et je le tourmenterais pour ce qu'il me doit!... jamais. Il est des instans où l'on sacrifierait les plus grands intérêts aux plus légères futilités : je crois, en vérité, qu'en ce moment H*** eût donné quittance pour solde à son illustre débiteur... Et comme ce garçon-là n'était ni gauche, ni timide, ni mal tourné, ni vieux, tout s'arrangea pour le mieux; et la belle Saxonne ne reparla plus de son amie de Paris.

« Je quittai enfin le banquier de Francfort, poursuivit le gentilhomme de Madame, emportant une anecdote piquante au lieu du demi-million que j'espérais toucher, et pensant que mon voyage en Allemagne pourrait au moins servir à récréer votre altesse royale du récit de cette singulière aventure.

« Arrivé à mon hôtel, je trouvai à la table d'hôte où je venais de m'asseoir un référendaire à la cour des comptes, avec lequel j'ai servi dans les gardes-d'honneur. Il avait été fait prisonnier de guerre à Leipsick, et sa captivité avait été si douce en Russie, chez le comte de Vinsel***, qui s'était empressé de le recueillir, que l'an dernier, devenu possesseur d'une fortune considérable, il se décida à faire une excursion dans le nord de l'Europe, afin de remercier son bienfaiteur. Il revenait alors de ce voyage, qu'il me narra fort au long dans une veillée causeuse, prolongée jusqu'à trois heures du matin. Je vais réduire ce récit, continua le gentilhomme conteur, aux détails qui pourront vous offrir l'attrait de la nouveauté.

« Le château du comte, me dit le maître des requêtes, présentait une masse de constructions imposantes, quoique d'une extrême légèreté; mais ce qui me surprit davantage, ce fut de voir que cet immense édifice, où l'on remarquait des colonnades, des portiques, et tous les élémens de l'architecture grandiose, était entièrement construit en bois de sapin. Vinsel*** s'aperçut de ma surprise : Les Russes, me dit-il, font ce que toutes les nations devraient faire, ils tirent parti des produits de leur sol. La nature n'est avare envers aucun de ses enfans : en nous imposant des besoins, elle met à notre portée ce qu'il faut pour les satisfaire, et nous contrevenons certainement à ses lois, lorsque, guidés par nos goûts sans rapport avec ces mêmes lois, nous allons chercher au loin l'équivalent de ce qu'elle a placé près de nous. Ces nobles portiques, ces frises élégantes, ces colonnades majestueuses, sont tirées des forêts du voisinage, et vous allez convenir, j'en suis sûr, qu'on ne pouvait mieux faire que de les y aller prendre.

— Il me semble cependant, M. le comte,

que nos édifices français ont au moins sur celui-ci l'avantage de la solidité.

— C'est incontestable ; aussi n'ai-je pas le projet d'établir une comparaison, qui serait toute à mon désavantage ; mais c'est aux convenances locales que je m'attache. La nature vous a donné de la pierre, du marbre même, vous devez user de vos richesses en ce genre ; elle ne nous offre, à nous, que du bois, c'est nous dire que nous devons nous en contenter. Voyez-vous, sur notre gauche, ce palais magnifique ? Un grand seigneur, qui le fit bâtir il y a quelques années, y dépensa huit cent mille roubles, dont quatre cent mille furent échangées, en France, contre de la pierre, que nos ouvriers n'ont pas su tailler, et que nos architectes ont employée avec beaucoup de maladresse. Il est résulté de la folie de mon illustre compatriote une conséquence triplement fâcheuse : les amis de l'ordre ont blâmé sa prodigalité ; les amis de la patrie l'ont accusé avec justice d'avoir jeté chez l'étranger un capital considérable, et les amateurs de la bonne architecture ont déclaré son château manqué dans toutes-ses proportions. Or, je vous demande si le grand seigneur n'eût pas mieux fait de bâtir en sapin, au risque de relever sa maison deux ou trois fois dans le cours de sa vie?

— Ma foi, M. le comte, je me range à votre avis; je cède à de si bonnes raisons : votre palais de bois est ce que vous pouviez faire de plus convenable.

En discourant de la sorte, nous parcourions les jardins, les cours, le parc; partout une foule de paysans étaient occupés à fertiliser ou embellir. Dès qu'ils apercevaient leur maître, ils se précipitaient sur la poussière, et baisaient l'empreinte de ses pas. Je frémissais d'indignation en voyant jusqu'à quel point d'humiliation on a fait descendre, en Russie, la malheureuse humanité; le comte me pénétra.

— Je devine votre pensée, mon cher Adolphe, me dit-il en riant : ce spectacle est en contradiction manifeste avec les idées philosophiques qui remplissent aujourd'hui les jeunes têtes françaises. Que direz-vous donc quand je vous aurai prouvé que ces bonnes gens sont dans la position la plus favorable où ils puissent se trouver ?

— L'expression est forte, M. le comte.

— Non, mon ami, elle n'est que juste. Le serf russe ne voit dans son état que l'agrément d'être dispensé des inquiétudes qu'impose au citoyen libre la nécessité d'assurer, du produit incertain de son travail, son existence et celle de sa famille. Il ne croit pas payer trop cher cette absence de toute sollicitude par la privation des droits qu'il ne comprend pas. Il y a plus, l'asservissement qui vous révolte est l'état que cet homme choisirait dans huit jours, si, demain, on lui rendait une liberté dont il ne saurait que faire, et qui serait pour lui le bien le plus inutile, le plus gênant. Croyez-moi, mon cher Adolphe, l'habitude détruit l'empire de la nature même : ces Russes rampèrent d'abord par nécessité, ils rampent aujourd'hui par goût. La liberté n'est le premier des biens que pour les hommes qui savent l'appliquer à leur bien-être ; ceux-ci n'ont aucune idée ni de la propriété, ni de la gloire, ni de l'ambition : ils existent, ils servent, ils croient remplir leur destinée.

« Parbleu ! continua le comte, je veux vous donner la preuve de tout ce que je viens d'avancer. Et Vinsel*** appela du geste un paysan qui travaillait à quelque distance. Cet homme, ayant enlevé son bonnet de peau de mouton avec la vivacité d'un ressort, s'avança vers nous, et, se prosternant à genoux, le front courbé jusqu'à terre, attendit les ordres de son maître. Le comte lui prescrivit de se relever, lui passa la main sur l'épaule, comme on ferait pour caresser un cheval; puis il entama avec lui un dialogue russe, qu'il me traduisait au fur et à mesure que les demandes et les réponses se succédaient.

— Mougik, dit le seigneur à son esclave, tu es un bon ouvrier, un excellent père de famille; tu m'as parfaitement servi depuis vingt ans.

— Monseigneur m'a bien nourri, m'a fait soigner pendant mes maladies; j'ai toujours été vêtu de manière à me tenir la tête et la poitrine chaudement [1]; tous les dimanches on me donne une petite mesure de brandevin; (regard étincelant de mougik)... Je suis aussi heureux que le czar.

— J'ai pourtant l'intention de te rendre plus heureux encore....

Le Russe eut l'air de chercher dans sa pensée comment cela pourrait se faire. Le comte reprit :

— Je te donnerai des roubles.

— Pour quoi faire, Monseigneur ?

— Pour te procurer des jouissances que l'on n'a pas sans argent.

— Je le répète à Monsieur le comte, il ne me manque rien.

— Et si je te donnais la liberté...

[1] Les paysans russes se couvrent avec soin, en hiver, la tête et la poitrine particulièrement ; ils négligent assez volontiers de garantir le reste de leur corps contre les atteintes du froid excessif qui sévit dans leur pays. Par exemple, ils ne portent guère que des sandales tressées gossièrement d'écorce de bouleau, et qu'ils maintiennent à leurs pieds au moyen de bandes de la même écorce, se croisant autour de la jambe, à la manière du cothurne antique.

— La liberté, qu'est-ce que c'est que cela ?

— Le droit d'agir d'après sa propre volonté, sans l'assujettir à celle d'un autre.

— Monseigneur, que deviennent les gens ainsi abandonnés à eux-mêmes et qui ne savent pas vouloir...

— Ah! ma foi, Monsieur le comte, m'écriai-je, quand Vinsel*** m'eut traduit cette réponse, un philosophe grec se fût long-temps frotté le front avant de trouver la réplique.

— Étant libre, reprit mon ami en s'adressant au mougik, tu cultiveras pour ton compte une terre que je te donnerai.

— Et si la récolte manque, qui nourrira moi, ma femme et mes enfans ?

— La Providence est grande.

Le paysan russe secoua la tête avec un triste sourire, puis il dit :

— Et si je suis malade, comment, lorsque je ne pourrai travailler, ma famille se soutiendra-t-elle ? comment pourra-t-elle me soulager ?

— La charité de tes voisins, de ton pope, de ton seigneur, te seront en aide.

Le paysan tourna la tête avec une expression d'incrédulité plus marquée ; puis il répliqua :

— Mon bon Seigneur, je vous en supplie, ne me donnez pas la liberté ; puisque vous êtes content de moi, pourquoi me puniriez-vous ?

— Hé bien ! mon cher Adolphe, que pensez-vous de cela ?

— Je pense, Monsieur le comte, que l'empereur Napoléon, en parlant aux Russes des classes populaires d'affranchissement et de droits civiques, se livrait à la plus vaine des utopies.

— Oui, mon ami : ces hommes-là ne seront pas mûrs de dix siècles pour nos jouissances intellectuelles ; ils ne jugent du bonheur que sur le témoignage matériel de leurs sens.... Tous les biens qui ne se révèlent qu'à l'esprit sont pour eux la perle trouvée par la poule, dans une des fables du plus ingénieux de vos philosophes.

— Vous nous avez raconté là des choses fort

curieuses, dit madame de Berri au courtisan narrateur, en voyant qu'il avait cessé de parler... Puis, revenant par un trait digne de son caractère sur un passage de cette narration, son altesse royale ajouta en éclatant de rire :

— Vous avez oublié de nous apprendre si le prince saxon, en ne vous comptant pas le demi-million que vous alliez lui demander, vous offrit une compensation semblable à celle qu'il avait envoyée dans la chambre du tailleur H***.

— Non, Madame, répondit le gentilhomme, qui ne put s'empêcher de rougir un peu...

— C'est fâcheux... Oh ! le singulier homme que votre prince saxon... Mais il se fait tard, bonsoir, Mesdames et Messieurs...

A ces mots, Madame rentra dans ses appartemens réservés, en continuant de rire avec transport.

CHAPITRE VII.

La partie d'écarté. — Le jardin des Tuileries, esquisse de mœurs — Le canon du Palais-Royal, anecdote.

Je reviens souvent à la cour de madame la duchesse de Berri, parce que là, du moins, la grandeur était amusante, et ne se montrait pas bégueule. A partir de 1825, les appartemens de son altesse royale offrirent la Restauration sous son aspect fleuri; on se prit à rire tout haut dans le pavillon de Marsan, lorsque Charles X, avec son entourage rouge, violet et noir, eut quitté ce pavillon, pour habiter l'aile royale du château ; lorsque ce monarque dévot eut fait placer son prie-Dieu au chevet de ce lit où Napoléon médita, dix années durant, la conquête du monde ; lorsque le successeur de Louis XVIII eut substitué à la table d'Hartwell, l'autel portatif sur lequel sa majesté faisait boire, dit-on, la royauté dans le calice du lévite.

Ce fut pour Madame un évènement heureux que le déménagement du roi son beau-père ; on enleva subitement, chez elle, la sourd ne que chacun avait mise à sa bonne humeur ; et la gaîté à laquelle son altesse royale n'avait osé, jusque-là, accorder que les petites entrées, obtint les grandes, avec d'autres immunités dignes d'un siècle de progrès.

La princesse napolitaine fit un appel à tout ce qui pouvait semer sur sa vie de joyeux loisirs ; elle déclara qu'elle voulait *courir sus* à l'ennui par tous les moyens possibles ; le ban et l'arrière-ban des folies de l'époque furent levés au son de la marotte, dont son altesse royale voulait que les privilégiés de son intimité agitassent incessamment les grelots.

Il ne paraissait pas un *ana*, les petits journaux ne publiaient pas un article malicieux, la presse ne produisait pas un roman un peu leste, que Madame ne fît courir un de ses lézards dorés, comme on appelait alors les laquais à la livrée d'Artois, pour acheter la nouveauté piquante ou maline. Un matin, son altesse, qui n'aimait point M. de Peyronnet, fit une excellente digestion de son déjeuner en lisant, dans je ne sais quel petit journal, un article, aussi court que spirituel, où ce garde des sceaux, alors chancelant sur le premier siége de la justice, était passablement bafoué. Dans cet article, on suppose que sa grandeur se promène en long et en large, sur ses tapis de la place Vandôme, avec un conseiller à la cour royale, qui s'est fait son complaisant, depuis qu'une place est vacante à la cour de cassation.

— Monseigneur, dit l'aspirant, il y a peu de monde dans vos salons; le temps est pluvieux et froid; il est probable que le cercle ne sera pas nombreux ce soir. Si votre grandeur voulait faire une partie, cela dissiperait peut-être les nuages répandus sur son auguste physionomie, et ferait cesser cette contraction des muscles de son visage, connue sous le nom vulgaire des bâillement.

— Soit, je vais jouer; mais à quel jeu ?

— Eh! parbleu, Monseigneur, au jeu le plus à la mode, à l'écarté.

— J'accepte; vous faites ma partie, cher conseiller; mettons-nous à cette table... Messieurs, les paris sont ouverts.

— Oh! oh! Je vois que personne ne veut parier pour vous, Monseigneur.

— C'est que mon jeu est mauvais, dit le ministre en soupirant.

— Le mien n'est guère meilleur.

— Autrefois, mon cher conseiller, j'étais sûr de gagner la partie par les dames; maintenant elles ne me favorisent plus.

— Qu'importe, si vous avez tous les valets.

— Cela ne fait qu'un jeu bien plat... J'écarte...

— Je ne puis, Monseigneur : atout, atout, cœur et trèfle... je marque le point... A votre grandeur à faire... vous avez mal donné.

— Cela m'arrive quelquefois; je refais... encore un pic... j'espérais retourner le roi;... il n'est même pas dans mon jeu... et point de cœurs... ma partie est bien hasardée... Aussi le jour baisse... je vois à peine mes cartes : ce grand diable de monument triomphal, qui s'élève devant mes croisées.

— Votre Seigneurie a raison; l'obscurité nous gagne... vite des lumières.

— Qu'est-ce que vous dites donc là, conseiller.

— Ah! daignez m'excuser, Monseigneur; ce sont des bougies que je voulais demander... vous avez coupé trop tôt.

— Je crois que oui; mais mon projet...

— Votre projet, Monseigneur, arrivait hors d'à-propos... j'ai le point.

— Conseiller, il me semble que vous faites pour moi.

— Cela m'est arrivé déjà; d'ailleurs, n'est-ce pas dans votre intérêt ?

— Il est vrai... trèfle.

— Ce n'est pas cela, Monseigneur; je sais que vous n'êtes pas gardé à carreau.

— Je l'avais oublié.

— Vous pouvez retirer votre carte.

— C'est humiliant.

— Bah ! entre nous.

— Comme vous dites, conseiller; en famille on peut laver son linge... Je ne suis pas en veine... imaginez-vous que le jour de cette grande illumination j'ai fait chouette toute la soirée...

— Je le crois bien, car j'ai eu la même chance au faubourg Saint-Germain.

— Allons, s'écria le ministre, cela va décidément mal, très-mal.

— Ma foi, vous perdez le coup; tenez, c'est à jouer sur table : le roi, la dame, les valets, tout est contre vous... pardon de l'expression, mais votre grandeur est chassée. (Monseigneur fait un bond sur son fauteuil.)

— Je le crains...

— Messieurs, un rentrant...

— Allons donc, conseiller, ne prononcez jamais ces mots-là.

On ne peut pas toujours lire des choses malicieuses et grivoises, même lorsqu'on est princesse napolitaine; et quand Madame ne lisait pas, elle se plaisait assez à observer.

On a dit que, dans le cours de ses observations, son altesse royale aimait à changer de compagnes ou de compagnons : je suis tenté de croire qu'il n'en était rien; toujours puis-je affirmer qu'en 1827 encore, le capitaine dont j'ai plus d'une fois parlé dans ces mémoires était appelé à diriger l'étude de mœurs à laquelle on voyait Madame se livrer. Ce fut lui qu'elle envoya chercher un matin de cette même année, sous l'inspiration d'une velléité observatrice qui lui était survenue tout à coup.

— « Ne trouvez-vous pas singulier, capitaine, dit son altesse royale en voyant entrer cet officier, qu'habitant les Tuileries, il ne me soit pas encore venu à l'idée de m'initier un peu à ce qui se passe journellement dans le jardin de ce palais. Je veux, aujourd'hui même, réparer cette omission; c'est pour cela, Monsieur, que je vous ai mandé. Vêtue bourgeoisement, avec un chapeau de paille, un voile, un grand châle, je vais prendre votre bras, et nous allons parcourir incognito le chef-d'œuvre de Lenôtre.

— Je suis aux ordres de votre altesse royale, répondit l'officier en s'inclinant.

— Vous et votre philosophie critique, entendez-vous bien, capitaine; et je veux que ma scène de mœurs ait un petit préambule, comme un chapitre de l'Ermite de la Chaussée-d'Antin.

Un instant après, madame dit à son conducteur : Partons. Mon ami le sténographe, ou, si vous voulez, le garçon de garde-robe, habillé en bourgeois, suivit le couple observateur, d'assez loin d'abord; mais il se rapprocha presque aussitôt. Le drôle avait l'oreille fine, le crayon leste; le lendemain, j'étais en possession d'un brouillon sténographié, dont mon fils l'avocat fit surgir aisément, ce qui suit, commençant, ainsi que la duchesse l'avait désiré, par ce hors-d'œuvre philosophique du capitaine.

«*Que sais-je?* s'écriait Montaigne, dans son doute perpétuel; que sais-je? devraient dire aussi le ministre qui se charge d'un portefeuille dont il ne possède pas la clé, le publiciste qui ne peut répondre de sa conscience politique, le député incertain s'il résistera à l'empire de ses puissances digestives ou aux exigences de son ambition... Loin de là, ces messieurs vous disent très-affirmativement: *Je sais*... Moins présomptueux, l'observateur se contente de dire : *Je voudrais savoir*, et voilà ce que je me répète chaque jour. C'est sous l'influence du désir qu'expriment ces deux mots que s'écoule une notable portion de ma vie ; je cours, je recueille, je compare pour apprendre. Or, j'ai long-temps étudié le jardin des Tuileries : c'est mon grimoire familier; voyons ce que les feuilles du jour vont nous apprendre, Lenôtre a fait aux parisiens un beau présent, lorsque son habile compas a tracé ce jardin : il n'y a qu'un avis sur ses belles proportions, son heureuse variété, son admirable régularité. Malgré cette dernière perfection, les romantiques se plaisent autant que les classiques dans ce séjour délicieux, avec cette différence, toutefois, que les partisans de Shakspear et des coudées franches en littérature aimant à s'égarer sous les marronniers, sans s'astreindre, bien entendu, à suivre les allées; tandis que les parterres symétriques sont le rendez-vous des sectateurs d'Aristote et de ses unités. Mais la brune estelle venue? Les deux écoles se confondent sous la masse des arbres aux larges feuilles, ou sous la voûte protectrice des berceaux... C'est le moment où tous les promeneurs deviennent essentiellement romantiques..... Abordons les détails.

« A la partie du jardin exposée au sud, où nous voilà rendus, et non loin du grand bassin, que voici, s'étend la petite Provence, dont le nom est célèbre parmi les rentiers. Voyez, Madame, les habitués du cabinet littéraire en forme de guérite, établi sous les arbres, comme ils viennent se presser sous les rayons d'un soleil bienfaisant, pour lire le populaire *Constitutionnel*, ou la gothique *Gazette*, ou les mobiles *Débats*, ou le malicieux *Figaro*. L'hiver, la petite Provénce est l'élysée des parisiens sans bois; l'été, c'est le refuge des vieillards qui demandent au grand astre la compensation de ce que les ans leur enlèvent de calorique. Approchons-nous de cet honnête officier invalide, assis au pied de la terrasse dite encore des *Feuillans*, et qui trace des figures sur le sable avec sa canne; je parierais que, faute d'un auditeur pour entendre le récit des batailles auxquelles il assista, ce vétéran des légions de la République dessine une demi-lune ou un camp retranché, afin de se tenir en verve. Mais quelque chose de plus piquant provoque notre attention : suivons un peu ces beautés qui semblent exiler leur élégance loin du tourbillon des allées principales, et vont s'asseoir sous les ombrages écartés que je remarque à notre gauche. Ces belles promeneuses savent braver les rigueurs des saisons; votre Altesse Royale les verrait ici à Noël comme à la Saint-Jean, guidées par le même motif, ou plutôt par la même nécessité :

L'été n'a point de feux, l'hiver n'a point de glaces,

qui puissent suspendre leurs projets, ou plutôt leurs spéculations..... Que Votre Altesse daigne maintenant remarquer la tactique de ces dames : deux chaises, dont l'une se présente toujours de bonne grace quand un homme décoré vient à passer, voilà le matériel de guerre ; quelques œillades plus ou moins agaçantes, voilà les munitions ; *dîner*, voilà le nœud stratégique de la campagne. Mais, continua le capitaine, vous regardez, Madame, cette jeune femme qui, tout en paraissant jouer avec le petit garçon d'emprunt dont elle se fait accompagner, circule, croise, comme disent les marins, devant ce vieux chevalier de Saint-Louis, que nous venons de voir passer près de nous, en traînant la jambe gauche. Cette petite maman-là appartient au même corps d'armée que les beautés aux deux chaises ; mais elle fait partie des troupes légères. Le barbon en présence de qui vous la voyez manœuvrer est connu depuis dix ans aux Tuileries pour être fréquemment la dupe de certaines courtisanes du dernier rang, quoiqu'il se persuade que sa galanterie surannée porte le trouble dans une foule de petits ménages bourgeois. L'accident que sa jambe traînante lui rappelle douloureusement ne l'a point désabusé. Passons sur la terrasse qui nous fait face; j'aperçois, dans l'enfoncement demi-circulaire que décrit ce massif d'abrisseaux, un couple plus ingénu, ou du moins plus sincère. Tous les matins régulièrement, le grand et beau garçon sur lequel j'appelle votre attention arrive au rendez-vous; il y est bientôt rejoint par cette dame, encore jeune, dont les traits, d'une remarquable régularité, caractériseraient la beauté parfaite, n'était le défaut d'embonpoint et l'extrême pâleur qui déparent leur ensemble heureux. Certainement, ces deux personnes ont à se dire des choses d'un puissant intérêt, car, depuis le commencement de la belle saison, je les ai vus constamment ici toute la matinée, bravant les rayons du soleil quand il luit, et continuant, s'il vient à pleuvoir, leur conversation sous un parapluie.

« L'intérêt avec lequel Votre Altesse Royale daigne m'écouter, poursuvit l'officier cicérone, me prouve que l'observation vous plaît; moi j'aime à parler quand l'on met à profit mes paroles : c'est le faible de mon âge, et je me le pardonne... c'est à peine un travers. Continuons donc notre revue... Voyez-vous ce vieillard occupé à jeter de petits morceaux de pain aux cignes qui semblent glisser à la surface du bassin, pour venir saisir ce tribut du désœuvrement ? Eh bien, cet homme, si gravement livré à des minuties, donna, plusieurs années, des lois à la France : il eut une cour, des flatteurs, un trésor, des envieux. Du sopha oriental qui lui servait de trône, une femme charmante s'éleva sur un trône plus imposant, qui bientôt domina tous les trônes du monde civilisé... Cette puissance tombée, ce météore éteint, c'est Barras [1]. Il achève de vivre plus obscurément que Cincinnatus, car, vieux, le dictateur romain labourait, et le *quinquemvir* français niaise. Remontons le jardin.

Chemin faisant, le capitaine montra à madame un élégant, à la boutonnière duquel se balançaient cinq ou six croix, et dont, au rapport de cet excellent juge des exploits militaires, l'itinéraire guerrier fut toujours compris

[1] Il vivait à l'époque où se passait cette scène.

entre les deux terrasses des Tuileries. — Nous faisons en ce moment de l'observation au profit de la morale, reprit le conducteur de Madame, et l'homme que je vous désigne est *un observateur politique*. Sa mission spéciale (car ce n'est pas uniquement par goût qu'il exerce) est de saisir à la dérobée le titre des journaux que lisent les habitués du jardin : il y a déjà longtemps que je suis noté sur ses tablettes comme lecteur du *Constitutionnel ;* aussi ne serais-je point surpris de recevoir prochainement un message d'une grande concision, m'annonçant que je suis admis à faire valoir mes droits à la retraite.

— Capitaine, répondit vivement Madame, je puis vous garantir qu'il n'en sera rien...

— Votre Altesse Royale sera classée alors parmi les Jacobins.

En discourant sur l'observateur politique, la duchesse et le Cicérone arrivèrent au pied du château. Le capitaine pressa légèrement le bras de la princesse pour lui faire remarquer une femme âgée, vêtue de noir de la tête aux pieds.

— Ne croyez pas, continua-t-il que vous rencontriez ici la veuve d'un brave tué dans les dernières guerres ; c'est une industrielle d'un nouveau genre, exploitant une spéculation qu'elle a créée. Telle que vous la voyez, cette femme n'a pas laissé passer une semaine entière, depuis le consulat jusqu'à ce jour, sans venir s'asseoir une ou deux heures devant les croisées du souverain. Consul, empereur ou roi, le prince, fatigué de voir toujours son horizon borné par le même objet, a souvent envoyé, soit par un chambellan, soit par un gentilhomme ordinaire, quelques pièces d'or à la spéculatrice. Par ce moyen, le monarque libère ses regards pour une huitaine ; mais, ce délai écoulé, la femme noire reparaît à son poste, et ne le quitte qu'au même prix, pour le reprendre après le même espace de temps. Elle a marié sa fille aînée aux dépens de Napoléon ; la dot de la cadette s'est arrondie sous le règne de Louis XVIII, et, si le Ciel permet à la maman de *poser* seulement une année encore devant les fenêtres du palais, l'intéressante personne sera l'un des bons partis de la rue Saint-Roch.

Madame fit remarquer en ce moment au capitaine qu'ils étaient passés trop rapidement sur la partie de la terrasse orientale qui avoisine le pavillon bâti, sous l'empire, pour le roi de Rome; son altesse royale désira redescendre cette terrasse, afin d'observer plus longtemps cette région du jardin des Tuileries.

— On m'a dit, poursuivit la princesse, que là se réunissaient dans les beaux jours certains raisonneurs à perte de vue, en politique, en morale, en littérature; si nous avons le bonheur de rencontrer en ce lieu quelques uns de ces discoureurs intrépides, il y aura plaisir à nous asseoir assez près d'eux pour les entendre.

— Je suis aux ordres de votre altesse royale, répondit le capitaine; et la terrasse fut redescendue.

Lorsque nos moralistes arrivèrent près d'un de ces ronds-points dont j'ai déjà parlé, ils entendirent, en effet, comme une déclamation théâtrale partant d'un banc demi-circulaire placé dans l'une de ces niches de verdure. Ils prirent des chaises et écoutèrent.

— Eh! Messieurs, vous me faites rire avec votre littérature grave, s'écriait, en passant coup sur coup la main dans ses cheveux, un jeune homme au regard étincelant, que le capitaine crut reconnaître pour un romancier de belle espérance... Foin de la gravité : Voltaire s'en est bien passé, morbleu! pour écrire les pages les plus sérieuses ; et jamais sa plume immortelle ne mord mieux sur le vice que lorsqu'elle plaisante... Moi, qui connais bien le dessous de cartes de notre jésuitisme social, je dis que nous pourrions vivre, à la rigueur, de l'esprit que Figaro porte dans son bagage à la Rabelais et de celui qui forme la leste cargaison du *Corsaire*... Toutefois, dans ces jours de péripéties, un peu de politique doit être ajoutée à notre régime ; ce qui ne nous oblige nullement à devenir moroses, quoique les plaisanteries gouvernementales auxquelles se livrent nos hommes d'État ne soient pas précisément sans conséquence.

— Quoi, Rodolphe, tu prétends soutenir que l'époque ne vise pas à la gravité, s'écria l'un des interlocuteurs, et les révérends pères en Saint-Simon ?

— Qui ? ce pape dont le Vatican est au troisième au dessus de l'entresol; qui ? cette grande-prêtresse dont le temple est un boudoir, l'autel un canapé, l'encens du miel d'Angleterre, l'eau lustrale de l'eau de lavande, et que ses fidèles honorent *selon sa capacité.*

Ici Madame eut beaucoup de peine à comprimer son envie de rire. Le jeune homme continua :

« Rêverie platonicienne, bonne tout au plus pour une société toute neuve ; chimère chez un peuple civilisé jusqu'à la corruption... Forçons le saint-père à monter sa garde de grenadier, et conseillons à la papesse d'ouvrir un magasin de modes, afin d'être *la femme-libre* dans toute l'étendue pratique de l'acception.

Nouvel éclat de rire étouffé de Madame, qui s'écria, invinciblement conquise par l'attrait de la situation :

— Ah ! mon cher capitaine , l'agréable matinée !

L'interlocuteur du jeune critique reprit :

— Mais , Rodolphe , ne trouvez-vous pas qu'il y a maturité de réflexions, sagesse de vues, noblesse de résolution dans les conversions politiques qui s'opèrent aujourd'hui, sous l'autorité d'une expérience approfondie du passé, et des espérances, maintenant bien assises, qu'on peut fonder sur l'avenir.

— L'expérience ! les espérances fondées ! s'écria le discoureur sceptique... ah ça ! d'où venez-vous donc ?.. Les conversions politiques ont été, sont et seront toujours des pirouettes à joindre à la collection de mademoiselle Taglioni ; seulement les pirouettes de cette adorable sylphide nous amusent, tandis que les autres nous dégoûtent...

— Et les terribles magistrats qui jugent l'émeute et les tendances de la presse , j'espère que vous n'en rirez pas.

— Plus fort que des autres : leur toge est un simple domino , cachant un habit d'arlequin, et l'arlequinade reste dans leurs habitudes...

Je ne connais pas de parade plus farce qu'un procès politique... : C'est ce qui a donné au fondateur de la *Gazette des Tribunaux* l'idée de la faire rédiger en style de vaudeville.

— Je renonce à chercher la gravité, puisque vous ne voulez la voir nulle part.

— Si tous ceux de nos contemporains qui prétendent se faire graves avaient le bon esprit de vous imiter, ils finiraient par devenir moins comiques. En littérature, par exemple, ils renonceraient à la poésie mélancolique, pulmonaire, agonisante, cadavéreuse; ils se guériraient de la manie d'inventer des situations guet-apens, où, faisant tomber leurs héros sous le pistolet, le poignard ou le carbone, ils ne voient succomber que l'intérêt qu'ils voulaient captiver; ils se souviendraient qu'il n'existe rien de poétique hors des limites du vrai, et se convaincraient qu'en cherchant avec labeur l'originalité, on ne trouve que la bizarrerie... Et, dites-le-moi, cette recherche d'effets et de résultats, qui est la maladie épidémique de notre temps, qu'a-t-elle produit jusqu'à ce jour? Des littérateurs plus hérissés de boursoufflure que Voiture , Scudéry et Balzac; des députés platement personnels; des pairs illustres pour rire; des publicistes populaires jusqu'à l'obtention d'un emploi; des fonctionnaires de toute sorte, qui jouent aux sermens comme les enfans jouent aux osselets... La mission d'une critique qui voudra devenir utile, c'est de déchirer du fouet de Juvénal tous ces effrontés délinquans, après avoir arraché le masque de leur visage; d'attacher leur nom au poteau du sarcasme, de les traîner aux gémonies du scandale... Raisonnez, distillez de la controverse avec synthèse, catachrèse, ellipse; soin perdu... Opposez l'alinéa aux travers, la période à l'arbitraire, les mouvemens de style aux charges de dragons... folie! Qui lit aujourd'hui de la dialectique? qui ose entamer la pièce de bœuf du journal? Personne, pas même ces charlatans d'un nouveau genre, toujours prêts à faire parade de leur gravité, et qui sont les premiers à bâiller des choses graves.

« Voulez-vous, mes amis, une preuve irréfragable de nos penchans réels? Un roman falot de Paul de Kock se vend à trois mille exemplaires; publiez un livre sérieux, le quatrième cent enveloppera du beurre... C'est fâcheux, mais c'est caractéristique... Messieurs, Molière était un grand moraliste : au milieu d'un siècle qui se piquait, non pas seulement de gravité, mais de grandeur, cet écrivain illustre avait compris pourtant que toutes les élucubrations des raisonneurs juchés sur les échasses du sublime ne corrigeraient pas un seul des vices qui lézardaient cette magnifique époque. Il avait compris, ce grand homme, que le naturel s'irrite contre la remontrance, et qu'il rougit d'une peinture un peu chargée de ses travers. Le rire laborieux de M. le premier président aux représentations de *Tartufe*, acheva d'apprendre à Molière l'art de régenter les hommes, et le monde sait si cet art lui fit défaut... Que le joyeux vaudeville, que la malicieuse comédie rouvrent donc cette lice, où le ridicule tombe sous une mousqueterie légère d'épigrammes et de couplets aigus; que *Figaro* [1] stigmatise de ses articles un

[1] Le FIGARO, ante-Jullien, qui fut pendant deux ou

peu cyniques, bariole de ses bigarrures ingénieuses cette ambition de parquet, dont les ergots crochus se cramponnent à tout pour atteindre les *sceaux*, en faisant peur aux *sots*... Que le *Corsaire* coule de ses joyeuses bordées toutes les médiocrités intrigantes qui voguent audacieusement dans nos parages; qu'il fasse son *butin* des célébrités risibles qui nous envahissent, en dépit du bon sens et même du sens commun...

« Mais arrière l'esprit de coterie; arrière la cabale de *camaraderie;* et, par malheur, cet ennemi de toute bonne foi, de toute équité, est déjà en ligne. Ne le voyez-vous pas élever audacieusement sa bannière, sur laquelle on lit : *Nous, et point d'autres*... La *camaraderie* aspire à l'usurpation universelle des réputations, des faveurs, des richesses, depuis le foyer des *Folies-Dramatiques* jusqu'à la chambre des pairs... Prenez-y garde, mes amis, cette nouvelle phalange macédonienne marche

trois années le plus spirituel, le plus malin et peut-être le plus utile des journaux.

serrée comme une cohorte de jésuites ; chemin faisant, elle a déjà posé des sentinelles à la porte des ministères, des imprimeurs, des libraires, des administrations théâtrales, des directeurs de journaux ; ces sentinelles sont là pour vous crier : *On n'entre pas ;* et s'il vous arrive de forcer la consigne, les camarades donnent l'alerte en s'écriant : Sus ! sus ! ceux-ci ne sont pas des nôtres.

« Il appartient aux troupes légères de la littérature, aux tirailleurs de la presse, d'anéantir ces coteries qui envahissent tant de carrières, sans être capables d'en occuper dignement aucune : bâtons flottans qui, vus de loin, effraient, et qui, considérés de près, sont creux et fragiles comme des branches de sureau... Pour combattre de tels adversaires, il suffit d'une marotte ou d'un faisceau d'épingles, pourvu qu'on entre en campagne sous les fanaux de la vérité vraie et de la nature naturelle. »

Un inspecteur du jardin, qui vint à passer, interrompit la harangue du jeune philosophe voltairien, au grand déplaisir de la princesse...

Alors, écartant, de sa main blanche, l'épaisse feuillée qui la séparait du groupe des jeunes gens assis dans le rond-point, son altesse étudia un instant leurs physionomies, et particulièrement celle de l'orateur ; puis, refermant la barrière végétale, elle se tourna vers le capitaine, et lui dit d'un ton quelque peu songeur :

— Monsieur, le souverain qui gouverne une pareille jeunesse ne doit pas dormir sur son trône, et ses veilles doivent être bien employées... Malheureusement, le roi, mon père... Madame n'acheva pas d'exprimer sa pensée ; mais l'officier moraliste n'eut pas de peine à la pénétrer. Il achevait d'interpréter la réticence de son altesse royale, lorsqu'elle reprit :

— J'ai fait, depuis l'instant de notre départ du château, une singulière remarque, c'est que mon garçon de garde-robe, à qui j'avais ordonné de nous suivre à quelque distance, a constamment griffonné sur ses tablettes... Aurais-je, sans m'en douter, un philosophe attaché à mes atours.

— Pourquoi pas, Madame? par le temps qui court, la philosophie se glisse partout ; c'est le condiment universel; le poivre et le sel manqueraient plutôt sur la table de votre Altesse, que les philosophes dans nos relations sociales; et lorsque ces sages ont par hasard le malheur de ne pas savoir lire, ils en sont quittes pour se rabattre sur la *philosophie pratique*, qui, du reste, est la meilleure.

— Il faudra, dit Madame en souriant, que j'invite mon garçon de garde-robe à nous raconter son histoire : cela, j'en suis sûre, amusera l'une de nos soirées...

— Ah! Madame, de quoi votre Altesse va-t-elle s'aviser : nous n'avons encore eu que des mémoires de princes, de maréchaux, d'hommes d'État et de grandes dames; nous sommes menacés d'un déluge de révélations, si les femmes de chambre et les valets s'en mêlent... et que deviendra alors la vie murée des grands?

Madame de Berri répondit, un peu étourdiment et sans avoir jeté même un coup d'œil rapide sur les dernières années de sa vie :

— Les grands feront comme les spectateurs de Molière : ils s'efforceront de rire de leurs propres travers.

En rentrant aux Tuileries, la jeune douairière déclara que depuis long-temps elle n'avait pas passé une matinée aussi amusante que celle qui se terminait.

— Votre Altesse Royale, lui dit le capitaine en se disposant à se retirer, veut-elle essayer demain d'une promenade au Palais-Royal. Il n'y a plus là d'épisodes inédits ; mais on y trouve encore parfois des physionomies originales.

— Oh! non, répondit Madame après avoir réfléchi un instant à la proposition de son vieux cicérone ; je n'oserais pas risquer une excursion au Palais-Royal : *papa roi*, comme dit mon fils, me gronderait. Mais, en déjeunant avec moi, monsieur le capitaine, vous allez me conter ce que vous savez d'inédit sur ce fameux bazar, où le duc d'Orléans, mon cher oncle, ne fait pas trop mal ses affaires.

Mon ami le sténographe, qui jusqu'à ce moment était resté là pour attendre les ordres de la princesse, s'éloigna à l'annonce du déjeuner; mais le fin matois, alléché par la promesse que je lui avais faite d'un petit dîner chez Tonnellier, à la barrière du Maine, se glissa dans un cabinet touchant hors salle à manger, et j'eus, le lendemain, le récit du capitaine sur le Palais-Royal, avec la scène du jardin des Tuileries.

L'honnête garçon de garde-robe m'avoua, toutefois, que sa séance d'audition, dans le cabinet office, avait été fort laborieuse, à travers l'accompagnement de fourchettes dont le récit du capitaine s'était trouvé souvent entrecoupé. Toutefois, aidant à la lettre dans une phrase, complétant le sens échappé à l'ouïe dans une autre, mon ex-professeur parvint à sténographier ceci :

« Que de changemens se sont succédé dans le jardin du Palais-Royal, depuis que l'arbre de Cracovie y déployait ses vastes rameaux, protecteurs de *l'abbé trente mille hommes* et des gobe-mouches de son temps! Que de variations ce lieu renommé a subies, seulement depuis l'époque où Camille Desmoulins pérorait du haut d'une chaise, les parisiens réunis autour de lui, à la place même où Pérusault établit ensuite son cabinet de lecture, sous un parapluie, puis sous un joli pavillon oriental, que le propriétaire du lieu ne loue pas très-bon marché. Pour mon compte, j'ai vu le centre de ce jardin tour à tour parterre, gazon, boulingrin, labyrinthe, salle de spectacle, cirque d'équitation, bazar...; et toujours, oui, toujours, la morale y eut un asile; ce qu'il est cependant plus facile de constater aujourd'hui que des candélabres porte-gaz éclairent ce jardin tant de fois métamorphosé.

Si jamais on écrit les annales du Palais-Royal, annales qui ne pourront manquer d'être fort édifiantes, comme chacun sait, le canon-méridien placé à l'extrémité d'un des parallélogrammes de verdure qui ornent le jardin sera certainement l'objet d'un chapitre intéressant. Il faut avoir observé, comme moi, les caricatures vivantes qui se dessinent chaque jour devant cette pièce d'artillerie solaire, pour se faire une juste idée de la galerie d'originaux qu'on y remarque. Voyez-vous ce rentier, ce vétéran du cinq consolidé, s'avançant sa montre séculaire à la main ; il y a trente ans et plus qu'il prend au Palais-Royal le *midi vrai :* son habitude routinière l'y conduit aussi mécaniquement que les ressorts de sa montre en ramènent les aiguilles sur la douzième heure du jour. Regardez cet homme pâle, à l'œil creux, aux joues pendantes, c'est un joueur; il attend que le coup de canon lui annonce l'ouverture du n° 113, où vous pourrez le voir piquer, jusqu'à minuit, des cartes rouges et noires, après avoir laissé sur le tapis vert sa fortune, et peut-être son honneur. Cette jeune femme svelte, qu'enveloppe assez imparfaitement son manteau pour qu'on puisse saisir l'élégance de sa taille, est une limonadière sensible de la rue Saint-Honoré ; elle vient, au bruit du canon, aguerrir ses nerfs; et comme leur irritabilité est encore extrême, cette beauté a soin que le hasard amène toujours là un beau garçon de vingt-sept à vingt-huit ans, porteur des plus belles moustaches du monde, afin qu'en se trouvant mal, elle puisse au moins être soutenue par quelqu'un. J'étais surpris, en 1822, de voir tous les jours, près du méridien, un militaire décoré d'une épaulette à graines d'épinards; quelques informations m'apprirent que cet officier, élevé, sur la foi d'une bravoure future, aux premiers grades, s'habituait tout doucement au feu, pour entreprendre cette excursion de juge de paix que nous fîmes l'année suivante en Espagne.... Ce guerrier comptait déjà trois campagnes dans le jardin du Palais-Royal. Le canon méridien a ses fastes : peut-être les réunira-t-on quelque jour en corps d'histoire. En attendant, je vais raconter à votre altesse royale deux anecdotes dont je fus témoin, assez récemment, devant cet oracle du midi vrai.

« Votre altesse saura d'abord que le Palais-Royal est le rendez-vous habituel des provinciaux qui veulent se rencontrer à Paris : si l'on se promène, de huit heures du matin à midi, vers l'extrémité septentrionale du jardin, devant le café dit de *la Rotonde*, on n'y rencontre guère que des figures départementales, de ces figures qui font dire aux demoiselles libres, aux marchands de lorgnettes, et aux filoux : Voilà du gibier pour nous.... Et si l'élégant tailleur vient à passer près de ces promeneurs exotiques, il abaisse sur leur mise un regard dédaigneux, et se dit : Quelle coupe d'habit! quelle déplorable *étude* de gilet! quelle hérésie de pantalon!

« A midi la foule badaude entraîne nécessairement ces bons provinciaux vers le canon; or, il se trouva un matin parmi eux le maire d'une bonne ville de France, devenu fameux par la rédaction d'un arrêté infiniment plus fort que les aphorismes du grand La Palisse. Le ministre avait ordonné la reconstruction totale des bâtimens occupés par un hospice situé dans la ville confiée à l'administration lumineuse du maire dont il s'agit; cet excellent magistrat fit en conséquence un travail fort long, fort détaillé, tendant à la plus stricte économie dans l'exécution du projet de bâtisse. On y remarquait cette disposition : « attendu que l'hôpital *devra être démoli préa-* « *lablement de fond en comble*, le conseil muni- « cipal et moi proposons à M. le préfet, afin « d'éviter les frais, de *laisser les malades dans*

« *l'ancien bâtiment*, jusqu'à ce que le nouveau « soit construit.... » Oh! certainement La Palisse se serait pendu de dépit à ce témoignage d'une si vaste logique.

« En voyant un administrateur de cette force devant le canon du Palais-Royal, sa montre à la main, deux ou trois de ses compatriotes, qui s'y trouvaient avec lui, s'attendirent à quelque trait d'esprit de sa façon; leur attente ne fut pas trompée. Un des assistans ayant fait remarquer tout haut que la détonation du canon venait d'être plus forte que les jours précédens, M. le maire s'approcha de l'observateur, et lui dit gravement : « Monsieur, si vous connaissez les lois de la physique, vous devez savoir que la détonation est d'autant plus forte que le rayon solaire a plus d'ardeur... » Le Parisien remercia de bonne foi le savant magistrat.... Mais voici quelque chose de mieux, continua le capitaine, après avoir avalé une gorgée de vieux médoc :

« Le temps était superbe; le soleil brillait de l'éclat le plus vif. Cinquante personnes attendaient le coup de canon accoutumé; plusieurs montres marquaient midi précis... Déjà quelques aiguilles ont dépassé la perpendiculaire... point de décharge de canon... Dix minutes se sont écoulées.... Nul doute, le canon ne partira pas. Soudain une discussion s'élève entre deux assistans; bientôt elle devient éminemment scientifique.

— Oui, Monsieur, dit l'un des dissidens, il y a long-temps que je m'en aperçois, nous touchons à une grande anomalie physique.... Les saisons sont évidemment interverties, et vous en avez la preuve aujourd'hui.

— Rien de tout cela, Monsieur, répond l'interlocuteur; il s'agit seulement d'une comète.

— Erreur, hérésie astronomique! consultez l'annuaire des longitudes, et vous y verrez que l'écliptique....

— Vous me la donnez bonne avec votre écliptique, quand la comète est visible pour moi depuis quinze jours; quand j'ai calculé la longueur de sa queue, et que sa révolution.....

— Qu'appelez-vous révolution ?... elle n'est que dans votre cerveau....

— Messieurs, s'écria un troisième personnage, vous déraisonnez tous deux ; je ne vois là qu'un simple parélie.

Cependant la foule environnait, pressait les interlocuteurs, lorsqu'un jardinier, occupé dans l'intérieur du carré où se trouve le méridien, s'approcha pour connaître la cause du tumulte dont il était le témoin : on la lui apprit.

— Ah! le canon, dit-il en s'adressant aux savans qui essuyaient sur leur front les grosses gouttes de sueur qu'y avait amassées la chaleur du débat, vous voulez savoir pourquoi le coup de canon ne s'est pas fait entendre.

— Eh ! sans doute, bon homme, répondit un des érudits, en relevant sa cravate ; mais vous n'en savez rien, vous....

— Oh! que si ; le canon n'a pas parti.... parce que....

— Cet homme me fait rire avec ses prétentions, interrompit le second savant.

— Il n'a pas parti, essaya encore de dire le directeur du râteau....

— Vouloir raisonner astronomie, un jardinier! ajouta le troisième discoureur.

— Oh! ça, me laisserez-vous parler, s'écria l'homme à l'explication.... Ce canon n'a pas fait entendre sa détonation parce qu'on avait oublié de le charger.

Voyez-vous courir nos doctes personnages, que poursuivent les huées de la foule? cela me rappelle la bonhomie de ces honnêtes académiciens qu'on vit, quinze jours durant, épuiser vainement tout leur savoir devant des initiales C. I. L. C. D. A. tracées sur une pierre, à Montmartre; initiales qu'un jeune paysan, qui vint à passer, expliqua sur-le-champ par ces mots : *C'est ici le chemin des ânes.*

— Capitaine, dit madame la duchesse de Berri avec un pincement de lèvres quelque peu sardonique, il me vient une idée relativement au mutisme de ce canon du Palais-Royal : l'almanach annonçait la veille, je le présume, un temps pluvieux ou de brouillard; la poudre pouvait contracter de l'humidité : c'était une économie à faire pour le lendemain.

CHAPITRE VIII.

HISTOIRE DE CLÉMENCE.

Madame la duchesse d'Angoulême choisissait avec un soin scrupuleux les demoiselles de son service inférieur : hormis l'examen des matrones, les recherches les plus minutieuses étaient faites sur leur moralité avant de les admettre auprès de son altesse royale. Elle ne voulait pas que ses femmes de chambre sussent faire la distinction d'un chapeau à un bonnet; on assure même que, pour éviter que l'expérience sur ce point ne vînt à ces bonnes filles, la princesse avait ordonné qu'on leur fît boire une infusion de nénuphar.

Mais l'ignorance a ses dangers : une vieille chanson a dit sur l'air *du premier pas*, que madame d'Angoulême faisait jouer tous les matins sous ses croisées, par la musique des gardes du corps :

Peut-on prévoir ce qu'on ne connaît pas?

Clémence, la plus ingénue des demoiselles de la dauphine, éprouva de grands malheurs, parce qu'elle ignorait : ce qui, pour la millionième fois, peut-être, prouva que le père éternel n'avait pas réfléchi lorsqu'il s'abstint de faire goûter au couple primitif le fruit de l'arbre de la science du bien et du mal... Qu'arriva-t-il? Le diable vint qui dit à nos premiers pères : Mordez sur cette pomme; ils mordirent, et ce fut au profit du malin....

Ainsi en arriva-t-il à la pauvre Clémence,

vierge autant qu'on peut l'être : c'est-à-dire vierge de corps, de pensées et même de rêves; enfin, jouissant du beau idéal de la virginité. Cette jeune cameriste occupait une chambre de ce corridor noir, qui fournirait d'assez gentilles annales si quelque furet littéraire pouvait les réunir. L'innocente, après son office, et lorsqu'il ne se trouvait aucun service divin à sa portée, rentrait dans sa chambrette, priait, brodait des nappes d'autel, priait de nouveau, coloriait des figures de saints pour son eucologe; passait devant son miroir sans jamais s'y regarder; s'abstenait de ces soins de toilette que les religieuses nomment profanes; et le soir arrivait sans qu'elle se fût éloignée d'une ligne du chemin de la grace.

Lorsque Clémence avait à traverser le Carrousel pendant la parade, elle filait comme un trait le long du bâtiment, les yeux baissés, les mains jointes; elle ne voyait personne; mais la candide créature ne pouvait pas empêcher qu'on la vît.

Or, il y avait, parmi les gardes du corps de la compagnie d'Avray, un jeune gascon qui trouvait Clémence tout-à-fait de son goût; permettez-moi, lecteur, de l'appeler Albert de Flourac. C'était un de ces hommes qui nient la vertu des femmes, parce que, par un hasard très-rare assurément, il n'en avait pas trouvé une seule qui lui eût résisté. Il se mit dans la tête d'*avoir* (mot conservé de l'ancienne cour) la petite sainte du corridor noir, et jura qu'il la mettrait, avant l'expiration d'un trimestre, à la hauteur des modistes ou des demoiselles de comptoir.

— Peut-être, ajouta le galant des rives de la Garonne, y perdrai-je mon baudrier; mais il y a dans un homme de vingt-quatre ans, taillé comme je le suis, une provision inépuisable d'avenir.

— Un déjeuner chez Véfour que la petite résiste, s'écria l'un des gardes.

— Dix louis en sus qu'elle succombe, répondit Albert.

— Je tiens les dix louis, répliqua le camarade, piqué au jeu; allons, Messieurs, les paris sont ouverts....

— Quatre louis de plus pour la défense.

— Les quatre louis sont tenus pour la chute.

— J'en ajoute cinq en faveur de la vertu obstinée.

— Je les couvre, dans la conviction de la vertu défaillante.

D'encore en encore, tous les gardes du corps de service ce jour-là au château se trouvèrent engagés dans la gageure.... Flourac, se plaçant alors au milieu de ses camarades et se posant en jeune premier d'opéra-comique, dit avec l'assurance d'une robuste fatuité :

— Messieurs, les parieurs qui se sont prononcés pour la défaite ont bien placé leur argent, et je vous garantis que l'évènement ne se fera pas attendre long-temps.

C'était à la fin d'une soirée orageuse; mais la foudre ne grondait pas dans l'espace qu'elle inondait de ses vives et intermittentes clartés. Il n'y avait point de nuage au ciel; quelques étoiles y brillaient, alternativement éteintes par les éclairs éblouissans, et rallumées par l'obscurité qui suivait chacun de ces embrasemens électriques. Une atmosphère ardente pesait sur l'organisation et brûlait le sein; l'ame s'alanguissait invinciblement : c'était un de ces instans où la résolution est sans force; un de ces instans où les sens, mal défendus par l'intellectualité, reçoivent toutes les impressions, subissent toutes les influences.

Clémence priait près de sa croisée ouverte; mais sa ferveur ne lui procurait pas, ce soir-là, cette douce quiétude, ce charme balsamique trop calme pour être un plaisir, assez puissant, toutefois, dans sa molle suavité, pour être le bonheur parfait. Non, la jeune fille ne jouissait pas en ce moment de cette félicité ascétique des cloîtres; il lui semblait qu'elle désirait quelque chose au delà de ses vœux ordinaires : quelque chose que la prière ne lui donnait pas... Et la pauvre enfant disait, à travers des soupirs, nouveaux pour son sein, nouveaux pour son oreille : Qu'ai-je donc à demander au Seigneur?...

— Rien par ta bouche si fraîche et si pure, répondit une voix harmonieuse, qui pénétra dans la chambre par la croisée ouverte.... Dieu m'envoie t'annoncer qu'il a entendu les accens mystérieux de ton cœur; il a compris ce que tu ne comprends pas toi-même, chaste créature.... tu vas être exaucée.

Et soudain cette musique céleste qu'il ne nous est plus permis d'entendre, pécheurs endurcis que nous sommes, résonna délicieusement à l'oreille de Clémence; puis un chœur angélique entonna le plus mélodieux des cantiques, auquel se mêla le son enivrant des instrumens divins. La pieuse camériste, qui se connaissait en bonne musique, fut ravie en extase, au milieu de cette réflexion un peu mondaine : Ah! pourquoi les anges ne daignent-ils pas donner des leçons à nos accompagnateurs du Grand-Opéra.

Clémence, enivrée d'un tel prodige, s'était prosternée la face sur la marche de son prie-Dieu; se déclarant, à grand renfort de *Meâ culpâ*, indigne de voir s'accomplir le miracle qui s'annonçait, et craignant d'être aveuglée par un seul des rayons de la gloire du Très-Haut, étendu vers elle, insecte terrestre.

— Jeune fille, relève-toi, reprit la voix qui s'était fait entendre déjà; l'Éternel te favorise assez de sa grace ineffable, pour que tu puisses contempler son envoyé.... relève-toi, je viens à ton aide, car le Seigneur veut que tu sois initiée aux béatitudes de ses élus.

— *Ave!* répondit Clémence, qui releva timidement la tête, et vit debout, sur sa croisée, un ange aux blanches ailes éployées, à la chevelure blonde et bouclée; un ange de cinq pieds six pouces au moins; un ange d'une superbe venue, enfin, et que le colonel des grenadiers à cheval de la garde royale eût engagé sur sa bonne mine, même avec gratification. Le serviteur du roi des Rois sauta dans la chambre un peu lourdement pour un habitant du céleste séjour, habitué à fouler un parquet de nuages; mais Clémence était trop émue pour s'attacher à cette circonstance; elle n'osait même envisager le messager du Seigneur qu'à travers l'étroite grille de cils bruns abaissés sur ses yeux.

— Rassure-toi, fille de la terre, reprit l'ange; je ne viens point t'apporter la parole sévère de Dieu : loin de là, j'ai mission de te dire que ta place est marquée là haut parmi les onze mille vierges qui chantent éternellement la gloire de notre divin maître; et comme la tâche de labeur qui te fut départie ici-bas est loin d'être achevée, le Seigneur, dans sa bonté infinie, a décidé que la récompense due à ses brebis fidèles commencerait pour toi sur cette terre.... et c'est moi que sa volonté suprême a choisi pour descendre vers toi....

— Que la volonté de Dieu soit faite en la terre comme au ciel, articula Clémence d'une voix encore mal assurée....

— Tu peux t'étendre sur ta couche : c'est durant ton sommeil, c'est au milieu d'un essaim de rêves séraphiques que tu dois recevoir le préalable des félicités qui te sont acquises de toute éternité.

— Mais, envoyé du Seigneur, la chasteté me défend.....

— Sans doute les charmes d'une ouaille élue du Très-Haut ne doivent pas être souillés par le regard des hommes; mais avec nous autres dominations célestes, c'est bien différent : il n'y a entre nous et les impuretés de la terre aucun rapport possible. Obéis, jeune fille;

pour satisfaire à tes scrupules terrestres, je me fais un voile de mes ailes.

Et l'ange attira en effet devant son visage l'extrémité de ses ailes, en prenant garde de briser le fil d'archal qui les fixait à ses épaules... Depuis, ce messager céleste a dit à quelques diables, de ses amis, qu'il avait imité ce soir-là le colin-maillard qui triche pour voir un peu....

Lorsque notre belle dévote fut couchée, pleine d'une sainte confiance dans la promesse d'un ange, elle attendit, au bruit léger de son cœur agité, le sommeil qu'on lui promettait rempli de songes ineffables.... insensiblement elle se laissa tomber dans ses bras, mollement bercée par l'harmonie céleste reproduite de nouveau, tandis que l'envoyé du ciel magnétisait doucement, du bout de ses ailes, la chaste créature qui s'abandonnait candidement à lui.... Le petit drame de cette soirée était ma foi bien dessiné.

Heureusement pour ce mauvais sujet de Flourac qui, comme chacun l'a déjà deviné, jouait ici le rôle d'un autre Panther, Clémence dormait déjà lorsque cette brusque apostrophe tomba, fort distincte, de la croisée.

— Ah ça! dis-donc, Albert, en voilà assez pour nous, pauvres musiciens de gouttière, qui n'y avons que voir, et qui nous morfondons pour te faire de la musique divine... Bonsoir, bonne chance; nous allons boire du punch au café de l'Échelle.

— Allez au diable, répondit l'ange en fermant la croisée à son orchestre.

Les personnes du service intérieur de la dauphine, qui m'ont appris cette étrange et pourtant très-véridique aventure, dont vous voyez chaque soir l'héroïne dans un magasin lumineux du Paris Dandy, n'avaient pas écouté à la porte de Clémence pendant cette nuit de béatification; mais ses voisines se dirent entre elles le lendemain que, sans doute, elle avait fait un mauvais rêve, à en juger par les deux ou trois cris qui lui étaient échappés durant la nuit... Un mauvais rêve, je ne le pense pas; mais lorsqu'on joue avec des fleurs, une épine peut s'y rencontrer.

La pauvre camériste se prostitua deux mois

durant à la plus grande gloire de Dieu, et avec une expansion aussi innocente qu'elle était vive. Albert, après les premières visites, s'était débarrassé de la formalité du costume angélique; prétendant que Dieu ne permettait plus aux yeux d'une mortelle de le voir, il n'entrait dans la chambre que lorsqu'il savait Clémence endormie, et la quittait toujours avant qu'elle fût éveillée.

Un matin, cependant, l'intéressante dévote se trouva apparemment moins disposée que de coutume à sommeiller, ou peut-être Albert s'était-il oublié plus tard qu'à l'ordinaire auprès d'elle; toujours est-il qu'il n'avait pas achevé de s'habiller lorsqu'elle s'éveilla; et la pauvrette vit clairement l'ange du Seigneur chausser une paire de bottes à l'écuyère... Ceci la surprit d'autant plus que nul texte sacré n'a fait présumer qu'il existât une cavalerie céleste... Clémence suivit avec anxiété la toilette de son visiteur mystérieux, et finit par le voir passer le frac des gardes du corps.

— Je suis trompée, se dit-elle, en laissant retomber sur son oreiller sa jolie tête, qu'elle avait soulevée pour mieux observer; mais le perfide est beau comme un ange : c'est déjà un point capital de ressemblance... taisons-nous bien sur le reste... Et la fine dévote, déjà subtile comme une coquette, laissa partir Flourac sans lui faire part de sa découverte.

On ne se fait pas d'idée combien l'hypocrisie tient de près à l'ingénuité, à l'innocence même; on perd l'une et l'autre sans que ni l'esprit ni le cœur aient été complices de la séduction à laquelle ces deux trésors de la jeunesse ont cédé. Eh bien! l'esprit et le cœur deviennent soudainement habiles à couvrir cette perte d'un tissu de ruses, de faussetés, aussi ingénieuses, aussi dextrement produites que si elles étaient le résultat d'une longue expérience. Cela me paraît tout simple, car cela tient à cette aptitude de conservation que la nature mit en nous, non pas seulement pour nous substanter et nous défendre, matériellement parlant, mais encore pour nous porter les conservateurs de ces richesses morales que la civilisation a placées au premier rang de nos nécessités. C'est ainsi que la fausse bravoure supplée à la valeur, le babil adroit à l'éloquence, la vanité au mérite réel, l'hypocrisie à toutes les vertus.

Clémence, qui ne se sentit point disposée à chasser son séducteur, quoiqu'elle eût reconnu qu'il n'était doué que d'une nature humaine, se trouva tout d'un coup maîtresse passée dans l'art de feindre : cela lui vint, je ne dirai pas en dormant, mais au contraire parce qu'elle n'avait pas toujours dormi. Dans le cours de son service auprès de madame la dauphine, l'ex-ingénue paraissait plus timide, plus réservée que jamais; lorsqu'elle passait devant les gardes ou les officiers de la maison, elle n'avait plus d'yeux du tout, tant ils étaient cachés par ces longs cils qu'un écrivain moderne a nommés le voile de la pudeur. Dans sa chambre, l'amante coupable d'Albert était toujours en prières; ses voisines, à travers les minces cloisons qui séparent les appartemens du corridor noir, entendaient résonner de rudes *Meâ culpâ* sur la poitrine de Clémence; enfin jamais on n'avait vu faste de piété comparable à celui de cette jeune fille.

Il n'était bruit au château que des transports

de piété dont Clémence donnait le saint exemple : les suaves émanations de cette rose mystique parvinrent jusqu'à la dauphine, qui fut édifiée des vertus de sa camériste.

— Cette chère enfant, dit son altesse royale à madame de Serrent, sa dame d'honneur, elle n'est point faite pour servir les mortels, même lorsqu'ils sont princes : Dieu lui réserve une mission plus digne d'elle au pied de ses autels... Appelez demain Clémence, madame la duchesse; donnez-lui l'agréable nouvelle que je me charge de payer sa dot aux Carmélites, et qu'elle entrera la semaine prochaine en religion... Que vous allez la rendre heureuse, cette bonne fille! ne tardez pas, je vous prie, à lui faire savoir ma volonté; je me croirais comptable envers le Ciel d'un plus long retard à comprimer une vocation qui se révèle si puissante.

— Les ordres de votre altesse royale seront fidèlement exécutés, répondit la vieille duchesse.

— Bien, Madame; nous trouverons facilement une femme de chambre pour remplacer

Clémence, et les Carmélites de la rue Saint-Jacques ne trouvent pas souvent des novices aussi chastes que celle dont nous allons les gratifier.

— On dit même, princesse, qu'elles ont été assez malheureuses jusqu'à ce jour à recruter des chastetés...

— Chut! ma chère duchesse, voici qui ressemble beaucoup à de la médisance... Il est vrai que jusqu'à ce jour les cloîtres, que nous nous efforçons de restaurer, ne se sont guère peuplés que de repentirs; mais c'est déjà quelque chose à la suite des révolutions... avec le temps les innocences y reviendront... et, je le répète, nous allons faire un joli cadeau aux Carmélites.

Le lendemain, madame de Serrent fit venir Clémence dans son appartement, et lui annonça, comme un évènement qui allait la combler de joie, sa prochaine entrée dans un couvent... Le coup était rude autant qu'inattendu; la jeune camériste ne le reçut pas sans un trouble qui ne put échapper à la duchesse; mais elle se méprit complètement sur sa cause...

— Je conçois votre émotion, mon cœur, dit la dame d'honneur en baisant au front notre future carmélite ; vous êtes appelée, par l'extrême bonté de son altesse royale, à voir s'ouvrir pour vous tous les canaux de la grace : c'est une sainte et grande destinée.

— Oui, madame la duchesse, répondit Clémence, déjà remise, parce qu'elle avait calculé ce qu'il y a d'espace vide entre le château des Tuileries et le couvent des Carmélites... Ma reconnaissance pour Madame et pour vous est grande, et je vais demander au Ciel de me rendre moins indigne du précieux bienfait que son altesse royale daigne m'accorder.

— Vous ferez bien, ma fille ; mais venez me revoir demain matin ; j'aurai pris les derniers ordres de la princesse, et je vous remettrai une lettre pour madame la supérieure des Carmélites. Il est bon que cette sainte femme vous voie ; qu'elle puisse remarquer ce qu'il y a en vous d'innocence, de candeur et de piété, et qu'elle vous fasse connaître les conditions auxquelles on aura à satisfaire pour votre admission.

Or, lorsque ceci se passait, il y avait près de quatre mois et demi que le commerce secret de Clémence et d'Albert se prolongeait; quatre mois d'imprévoyance conduisent loin l'abandon d'une jeune fille. Celle-ci eut besoin de serrer prodigieusement son corset, afin de faire valoir sans mécompte, auprès de l'abbesse carmélite, grande connaisseuse en fait de pudeur virginale, tout ce qu'il y avait, dans cette néophite, d'innocence, de candeur et de chasteté...

Flourac était alors à Saint-Germain avec sa compagnie; Clémence lui avait écrit, dès la veille, d'accourir à son aide; et, pour recevoir ses conseils dans une situation aussi critique, elle lui avait donné tout bonnement rendez-vous dans une guinguette de la barrière d'Enfer, où les cabinets particuliers ne manquent jamais aux entretiens secrets.

Cependant Clémence, munie d'une lettre de madame Serrent pour la supérieure des Carmélites, monta dans une voiture de place, et se fit conduire, non pas d'abord au couvent de la rue Saintac-Jques, mais à la porte de la guinguette où Flourac, fidèle au rendez-vous, attendait sa belle, devant un petit couvert fort propre.

— Délicieuse, l'aventure, s'écria l'insoucieux garde-du-corps en voyant entrer Clémence; nous allons nous amuser de cela comme des bienheureux du paradis des païens.

— Tiens, répondit l'ex-dévote d'un petit ton boudeur, vous en parlez à votre aise, vous; on ne veut pas vous faire Carmélite.

— Tais-toi donc, chère amie, je regrette tous les jours de n'être pas né en temps opportun pour me faire carme... : on dit que c'était un métier où l'on se couvrait de gloire auprès des dames.

— Depuis quand, Flourac, êtes-vous devenu ambitieux...

— Joli, très-joli... Dieu de Dieu! comme un garde-du-corps vous forme une dévote!

— Albert, j'en ai un là qui me gêne beaucoup...

— Ah! ton corset! il faut le desserrer... Je suis à la tête de trente francs, vois-tu, et j'ai commandé un déjeuner aristocratique... avec le flacon de champagne, petite...

— Belle idée! me présenter à la supérieure des Carmélites avec une haleine exhalant l'aï mousseux.

— Tu lui parleras de loin... par modestie... Voici le déjeuner; procédons, et délibérons la fourchette à la main... D'abord il est bien entendu que tu n'entres pas aux Carmélites...; dans quatre ou cinq mois, la supérieure serait obligée d'écrire à ta royale protectrice: *La mère et l'enfant se portent bien...*

— Sans doute; pourtant je ne puis rester aux Tuileries.

— Je le sais bien; mais je suis déjà en pourparlers avec le directeur du Grand-Théâtre de Nantes. Tu entres dans sa troupe en qualité de première ingénue, et l'honnête garçon, avec lequel j'ai servi en Espagne, m'engage pour tenir les premiers Ponchard... Nous débutons dans *Marie :* toi, tu joues le rôle de la jeune personne; moi je chante *la robe d'une entière blancheur;* mon *sol* aigu ne sort pas avec beaucoup de netteté; tant pis, il faudra bien que le public nantais s'en arrange. Avec de l'exercice et des œufs frais, cela viendra.

— Albert, y pensez-vous? Pour débuter, même dans une ville de province, il ne faut pas seulement de la voix et quelque talent musical, il faut être comédienne...

— Clémence, ma chère enfant, il y a quatre mois que tu exerces...;

— Hélas! oui, pour ma damnation éternelle...

— Plus de ces réflexions, tu changes d'emploi.

— Et les frais de voyage!

— Les avances du directeur ne sont-elles pas là?

— Et ma garde-robe, la vôtre?...

— Ceci devient plus grave! Le nerf de l'intrigue nous manque...; en avant les expédiens pour nous le procurer... Il faut qu'il sorte de là, poursuivit Albert en se frappant le front, une idée féconde... Clémence, Clémence, je la tiens, je crois... On n'entre pas aux Carmélites sans une dot!...

— Madame d'Angoulême a remis ce matin la mienne entre les mains de la duchesse de Serrent. Cette dame en prévient la supérieure par la lettre que voici.

— Ah! diable, il serait bon de l'interroger; mais ce large cachet armorié nous serait rebelle : je n'ai pas fait d'apprentissage au cabinet noir.

— Madame de Serrent m'a lu ce message.

— Parfait! la mémoire sert toujours bien ceux qui la consultent pour leur intérêt... Dis, Clémence, que renferme la lettre.

— Après avoir annoncé à la supérieure qûe son altesse royale madame la dauphine daigne accorder douze mille francs, au lieu de six, que l'on donne en entrant aux Carmélites, madame de Serrent prie cette même supérieure d'envoyer une personne sûre recevoir ma dot, et chargée de m'emmener au couvent.

— M'y voici, je serai l'envoyé de la communauté...

— Cela me paraît impraticable.

— Du tout : un costume de prêtre complet, que douze francs me procurent pour deux heures, fait de moi le plus respectable des directeurs... Qui peut le plus peut le moins : j'espère que, moi qui fus ange, il me sera facile d'être abbé. Tu conviens avec la supérieure que l'ecclésiastique chargé d'aller palper la dot au château, et de te conduire au couvent, ne fera cette double démarche que dans deux jours ; tu l'annonces cependant à la dame d'honneur pour demain : je parais, je reçois les écus, je t'emmène, et fouette postillon pour Nantes.

— Mais, Albert, ce sera commettre un vol !

— Un vol ! eh ! non vraiment : il plaisait à madame la dauphine de donner douze mille francs pour faire de toi une mauvaise religieuse ; cette somme t'aidera à devenir une bonne actrice : c'est tout profit pour la morale bien entendue.

Cette objection parut triomphante à la jeune fille, parce qu'elle ne demandait pas mieux que de donner raison à Flourac en toute chose. La tête un peu échauffée par le champagne, Clémence fait approcher un fiacre, monte dedans, après avoir promis d'apprendre le soir même par la petite poste, à son amant, le résultat de son entrevue avec la supérieure. On se sépare en se disant, après quelques autres bagatelles : A demain.

La chronique que je consigne ici n'offre pas de détails sur l'entrevue de Clémence avec la supérieure des Carmélites ; mais la jeune fille ne put manquer d'adresse en cette circonstance. On sait comment l'esprit lui était venu, et elle avait eu un gascon pour professeur d'habileté. Bref, l'intrigue se noua si heureusement, que le lendemain on vit arriver aux Tuileries un grand homme pâle, aux cheveux plats et gras, au regard oblique, et portant, avec la plus scrupuleuse exactitude, le costume des pères de Montrouge. Je crois que Dieu lui-même n'eût pas reconnu l'un des plus beaux hommes de la compagnie d'Avray dans le Flourac, en quelque sorte décomposé, qui se fit annoncer chez madame de Serrent. A la vue d'un jésuite, le domestique ouvrit les deux battans, et, suivant l'indication qu'il venait de recevoir, annonça le père Hilaire.

La duchesse s'avança au devant du saint homme, qui la bénit à tout évènement.

L'adroit Gascon annonça la mission qu'il avait reçue de la supérieure des Carmélites, et s'exprima d'un ton si nasillard, si paterne, si conformé, en un mot, aux habitudes des jésuites, que madame de Serrent fut dupe aussi complètement qu'elle pouvait l'être..... L'âge peu avancé d'Hilaire, loin de faire concevoir à cette dame le moindre soupçon, ne fit au contraire que lui donner l'idée d'une immense piété, devenue promptement supérieure, dans le jeune père, aux incitations ordinairement pécheresses de la jeunesse.

— Je vous félicite, mon père, dit la dame d'honneur, de vous être rendu digne, à l'âge où je vous vois, de la confiance des bonnes Carmélites et de leur supérieure.

— Ah ! Madame, s'écria l'habile comédien en levant les yeux au ciel, que je commettrais un gros péché si j'étais assez immodeste pour me prévaloir d'une telle confiance... Je dois bien plutôt remercier le Ciel et notre chère supérieure, de me procurer aujourd'hui l'occasion d'entrer plus avant dans la voie du salut, en y introduisant une jeune brebis destinée au troupeau du Seigneur. L'innocence immaculée de cette enfant suppléera à mon indignité, et son voile virginal, en s'étendant sur ma tête, me protégera plus que je ne la protégerai.

— Voilà bien, mon père, la modestie du juste... Dieu vous aidera de tous les secours de sa grace.

— Je l'espère, madame la duchesse, car la source de mes prières sera inépuisable.

— La jeune personne que vous devez emmener, mon père, a dû se tenir prête à vous suivre; je vais l'envoyer prévenir, tandis que je vous compterai la somme que madame la dauphine daigne offrir au couvent pour la dot de sa protégée.

— Hélas! madame la duchesse, reprit le fourbe avec componction, c'est grand dommage que l'argent vienne salir ainsi le commerce des ames dévotes avec le Ciel...

— Sans doute, mon père; mais tant que ces ames habitent l'exil de la terre, elles sont assujetties aux besoins de ce corps de boue, qui leur sert d'enveloppe...

— Par malheur, oui.... Il faut vivre de la vie matérielle avant d'être admis au banquet des anges.

— Humilions-nous, mon père...

— En sanctifiant, par un pieux exemple, cet infime métal, dont nous sommes ici-bas les esclaves plus qu'il n'est notre serviteur..... Voilà bien les douze mille francs annoncés, ajouta Flourac en glissant dans sa poche les billets que madame de Serrent venait de lui remettre... Dois-je laisser un reçu à madame la duchesse, demanda le faux Hilaire avec hésitation, sachant bien qu'il mettait alors le pied sur un terrain dangereux?

— Non, mon père, madame la dauphine fait le bien comme on devrait toujours le faire; Elle ne veut pas qu'il reste de traces de ses bonnes œuvres, sinon dans les heureux résultats qu'elles produisent... A peine son altesse royale consent-elle à ce que, pour le bon exemple, la *Gazette de France* et la *Quotidienne* fassent mention de ses dons.

— La charité secrète, Madame, c'est le trésor des trésors... Et le cafard accompagna cette réflexion d'une élévation d'yeux qui en eût imposé au Père-Éternel lui-même... dans un moment de préoccupation.

Tandis que cette scène touchante se passait chez madame de Serrent, on transportait les malles de notre future religieuse dans la voiture qui avait amené le père Hilaire... Puis Clémence, les yeux baissés, la démarche hésitante, se rendit auprès de la duchesse, qui la présenta au soi-disant jésuite... Albert avait le cœur et les traits bronzés; il ne laissa remarquer sur son visage aucune émotion. Quant à la jeune personne, elle rougit un peu, mais c'était bien en situation... Hélas! la morale ferait tout à coup un grand pas, si l'on parvenait à distinguer la rougeur propre à l'innocence, de celle dont ne sait pas toujours triompher le vice honteux.

Clémence et son conducteur prirent congé de la duchesse; ils gagnèrent leur voiture. Le cocher, plus avisé à démêler les tendances du siècle que la dame d'honneur, dit, en voyant la jeune fille prendre place dans le carrosse à côté d'un jésuite : — Encore une de croquée.

Trois heures plus tard, Albert et Clémence roulaient sur la route de Nantes, avec la dot d'une carmélite échappée au noviciat du cloître, et jouissant, sous l'escorte des amours, d'une parfaite émancipation.... L'expédition avait été conduite à bien, ou plutôt à mal, avec une rare habileté, au prix d'une paire de favoris, que Flourac avait dû sacrifier pour jouer le jésuite au naturel.

Malheureusement notre gascon ne parvint pas à jouer avec autant d'avantage l'opéra-comique : ce *sol aigu* dont il avait redouté la défaillance, lui fit faux-bond dans plusieurs morceaux importans, et le public nantais, qui voulait avoir des notes pour son argent, siffla le chanteur qui lui faisait, disait-il, la queue d'un sol. Clémence, elle, réussissait mieux auprès des spectateurs de la Loire-Inférieure; elle n'était cependant ni grande cantatrice ni comédienne expérimentée; mais une actrice de dix-huit ans, lorsqu'elle est jolie, trouve aisément un public indulgent. Flourac craignit que celui de Nantes ne le fût trop envers sa maîtresse ; il lui proposa de quitter le théâtre et d'ouvrir un café.

— Le rhum et le kirsch-wasser m'ont enlevé décidément mon sol, ma toute belle, et me ferment ainsi une carrière dans laquelle j'aurais fait ma fortune ; il faut que le rhum et le kirsch-wasser, comme la lance d'Achille, guérissent la blessure qu'ils ont faite à ma destinée.... Ouvrons un établissement à l'instar des cafés élégans de Paris, avec un comptoir en forme d'autel pour toi, un habit noir et une épingle de diamans pour moi ; des peintures exécutées à crédit, des glaces achetées à terme, un matériel que l'on paiera plus tard, des garçons coquets et affranchis du tablier.... Clémence, une idée.... oh ! mais une fameuse.

— Voyons, Albert, ton idée.

— Si nous appelions notre café.... *Café des Anges....*

— Quelle folie !

— Du tout : je poursuis mon idée... Nous faisons peindre notre intérieur en firmament :

bleu céleste, étoilé d'or.... cela nous économise les glaces....

— Folie, te dis-je!

— Laisse-moi donc suivre ma pensée.... nos garçons ont des chevelures bouclées, des maillots couleur de chair, des ailes au dos.... Ils apportent en voltigeant la demi-tasse ou le bol de punch.... Hein! ce serait neuf, cela?

—Et moi, qui suis-je dans mon comptoir?... La Vierge Marie, limonadière, apparemment....

— Tu crois plaisanter : le succès serait assuré.

— Oui, si M. le commissaire de police ne venait pas, le lendemain de l'ouverture, prescrire à tes anges de brûler leurs ailes, et de reprendre le pantalon terrestre; à moi de renoncer à la mascarade mystique que j'aurais adoptée.

— Passons donc du sacré au païen, en faisant de toi une Vénus, et de nos garçons des amours, avec addition d'une tunique.... Le projet n'est pas à dédaigner : il y aurait de l'originalité à voir ces servans d'une espèce nouvelle, déboucher la bouteille de bierre avec les flèches de Cupidon, et incendier la jatte de punch avec le flambeau de l'amour.... qu'en dis-tu, Clémence.

— Je dis, Albert, qu'à Paris cela pourrait faire courir quelque temps les badauds, et nous procurer cette pluie d'écus que la vogue fait tomber sur ses privilégiés; mais à Nantes, les faveurs de la vogue seraient de trop courte durée pour nous enrichir. Établissons un café bien simple, bien modeste; parmi les premiers habitués que nous aurons, faisons ensuite circuler, sous le sceau du secret, le petit roman de nos amours, avec les circonstances assez neuves qu'il présente. Rien de plus vite divulgué que les secrets que l'on défend de révéler; la curiosité grossira proptement notre clientelle : on voudra voir et l'ange des Tuileries, et la carmélite manquée, et le jésuite pour rire. Il y aura de l'argent là dessous.

— Ma foi, Clémence, je crois que ton projet est le bon, si nous savons être indiscrets avec mystère.... Décidément, nous essaierons.

Huit jours après, nos jeunes gens ouvrirent, sans beaucoup de frais, un joli café, dans un des beaux quartiers de la ville. On y alla voir d'abord le Ponchard du grand-théâtre, devenu limonadier, et l'ingénue d'opéra-comique, devenue dame de comptoir. Puis l'aventure de Paris se fit jour progressivement parmi les habitués, et progressivement aussi leur foule augmenta.... Au bout de trois mois, il fallut abattre une cloison; six mois plus tard on en abattit une seconde.... Enfin, en 1830, c'est-à-dire à deux ans de leur établissement, Albert et Clémence ne trouvèrent plus le théâtre de la fortune assez vaste pour eux dans une ville de province; ils vinrent à Paris, munis d'une centaine de mille francs, avec lesquels ils fondèrent un de ces cafés temples, où le bon provincial n'entre qu'avec vénération.... Tous les jours vous passez devant ce magnifique établissement; mais je ne vous le désignerai pas autrement : nos amans sont devenus époux; Clémence est dame de charité dans son arrondissement; Flourac est marguillier de sa paroisse; et puisque la Providence, malgré leurs méfaits, s'est plue à les favoriser, je ne dois pas être aussi sévère qu'elle fut indulgente, en vous mettant à même de les montrer du doigt à vos amis.... Car vos amis diraient aux leurs : Tenez, ce limonadier si cossu, cette limonadière dont tous les doigts sont cerclés de diamans, ont fait fortune en *chipant* une novice à la vie pénitente, une dot au couvent des Carmélites, et une ame au Ciel.

CHAPITRE IX.

Le chasseur anglais. — La Saint-Hubert pour rire. — L'éperon de Charles X.

« Savez-vous, mon cher duc, que les libéraux m'ont surnommé Robin des bois; qu'ils ont mis à la mode un chapeau pareil à celui que je porte dans mes chasses, et que, par une allusion assez cavalière, ils ' l'appellent chapeau à la Robin des bois?

— Je savais cela, Sire, répondit M. le duc d'E****, à qui s'adressait cette interpellation, vers l'automne de 1826; mais ces traits de satire sont trop légers, leur blessure est trop superficielle pour que votre majesté ait à s'en occuper. En France la plaisanterie ne fut jamais offensive au point d'inquiéter ceux qu'elle atteint : le Français ne mord point en riant.

— Je le pense comme vous, mon cher duc; mais cette critique, qui ne me montre les dents que pour rire, devrait, au moins, être conséquente avec elle-même, et laisser ma réputation de chasseur sans parallèle offensant.

— Quelle renommée, Sire, ose-t-on donc comparer à celle de votre majesté ?

— Celle d'un certain gentilhomme anglais, qui habite l'hôtel de Noailles....

— Sir Francis Egerton...

— Précisément, mon ami; et voyez combien la prétendue supériorité chasseresse de cet Anglais est invraisemblable; il est, dit-on, impotent.

— Cela est vrai, Sire; mais justement par cette raison, la passion giboyeuse de cet étranger pourrait être comparée à de l'héroïsme. Je vais rapporter à votre majesté une anecdote que me raconta, il y a quelques années, un de mes amis, qui connaissait beaucoup sir Francis.... Je le laisse parler.

« Endolori, couvert de flanelle de la tête aux pieds, tremblant sur ses jambes grêles, et se faisant soutenir la colonne vertébrale par un morceau de bois, à peu près comme on soutient la tige d'un jeune arbre, lord Egerton, un jour dans l'année, jette loin de lui vêtemens chauds, béquilles et médicamens : ce jour-là, c'est celui consacré à saint Hubert. Le noble Anglais endosse la veste consacrée par les chasseurs, prend une culotte de peau, des guêtres de cuir, la classique casquette de loutre; il ceint la carnassière; de sa ceinture surgissent d'énormes poires à poudre et à plomb; enfin, il se fait environner d'une demi-douzaine de piqueurs portant des fusils.

« J'arrivais un jour de saint Hubert chez lord Egerton, continua mon ami, et je m'aperçus en entrant qu'il se passait quelque chose d'extraordinaire à l'hôtel; mais je ne pouvais croire ce que ces indices non équivoques semblaient m'annoncer. Du jardin vers lequel je me dirigeai, guidé par eux, partait un bruit confus, dans lequel on distinguait les aboiemens d'une meute nombreuse, des coups de feu réitérés, des cris plaintifs d'animaux, et les sons stridents du cor.... J'arrive sur le lieu de la scène, et je ne puis me refuser à l'évidence du spectacle qui m'est offert : sir Francis, à peine reconnaissable pour les yeux habitués à le voir presque moribond, se présente au milieu d'un groupe de chasseurs, et prenant des fusils de toute main, fait tomber par centaines, à dix pas de lui, lapins, pigeons et perdrix.... Trois piqueurs ont auprès du noble lord des fonctions particulières : deux sont occupés à maintenir son corps dans une position verticale, tandis que le troisième soutient, d'une main vigoureuse, les bras du chasseur paralytique, lorsqu'il fait feu sur les victimes massées devant lui.

« Je ne concevais pas comment une si grande quantité de gibier pouvait se trouver dans un espace essentiellement urbain, qui, d'ailleurs, n'offrait pas une étendue d'un arpent et demi : les jardins des hôtels de Paris ne sont pas d'ordinaire aussi giboyeux que les réserves de nos princes ; un piqueur me mit au courant des préalables de cette singulière Saint-Hubert. Je sus que le capitaine des chasses de mylord avait ordonné une battue générale... sur le quai de la ferraille, à la Vallée et chez les pourvoyeurs des guinguettes : ce qui avait produit tout le gibier voué aux sacrifices de ce jour solennel.

« La chasse, à laquelle je fus sommé de prendre part, dura toute la journée, et jamais je ne vis carnage pareil... Les lapins, ces quadrupèdes benins,

..... Dès leur tendre enfance élevés dans Paris,

venaient au devant de nous au lieu de nous éviter, pensant peut-être (car il n'est pas prouvé que les lapins ne pensent pas) que nos mains allaient leur tendre la feuille de chou nourricière..... et c'était la foudre que nous portions... ce fut une terrible journée pour la gent lapine et pour les oiseaux de volière domestiques érigés en gibier. Mais quels suaves délices pour lord Égerton!... Le lendemain, sa seigneurie était à la mort; « c'est égal, disait l'intrépide chasseur, nous eûmes hier une belle Saint-Hubert. »

— Oh! mais ce lord Égerton est un maniaque, dit Charles X avec dédain, et ce que vous venez de me raconter confirme ce que j'ai entendu dire de ses étranges bizarreries. Cette capilotade de lapins, de pigeons et de perdrix dont votre ami a été témoin, ne ressemble en rien à la grande chasse, à la chasse royale que j'affectionne comme un bel et noble délassement.

M. le duc d'E*** était un adroit courtisan : il ne voulut pas faire remarquer à sa majesté que son bel et noble délassement ressemblait beaucoup à la capilotade de sir Francis. Rien en effet de plus comique, de plus dérisoire que les chasses de Charles X : jamais, je crois, le plomb royal, durant les excursions chasseresses de ce souverain et de ses fils, n'inquiéta, même en comprimant l'air à dix pas de la grande bête, ni chevreuils, ni sangliers, ni cerfs, dans l'immensité des forêts de Compiègne, de Fontainebleau et de Rambouillet... Voici à quoi se réduisait habituellement la chasse des princes : on parquait dans les toiles, tantôt le gros gibier, tantôt le petit; et lorsqu'il était ainsi réuni, par monceaux, sur un terrain encore plus circonscrit que le jardin de lord Egerton, les princes tuaient, presque à bout-portant, tout ce qui se présentait naturellement au bout du canon de leurs fusils.

A la suite de ces sanglantes expéditions, surtout du vivant de M. le duc de Berri, il s'élevait presque toujours d'énergiques et parfois d'aigres discussions sur le nombre de têtes immolées par chacun des illustres chasseurs; rarement l'officier des chasses présent à ce débat n'avait pas à exercer un amiable arbitrage à ce sujet : on eut souvent occasion de remarquer que, dans ces circonstances, M. Alexandre de Girardin remplissait consciencieusement les fonctions de juge de paix.

M. le comte d'Artois, devenu roi, aurait dû se rappeler que ce n'était pas ainsi que se passaient les chasses de Louis XV et de

Louis XVI : de leur temps, il y avait encore quelques traces des traditions chasseresses remontant au grand Dagobert... La cour s'élançait dans les grands bois; ses habits rutilans scintillaient sous la voûte des hautes futaies; et plus d'un chasseur égaré dans les lointains fourrés avait à raconter, le lendemain au lever du roi, quelque épisode piquant dont il s'était trouvé le héros ou le témoin sous les ombrages séculaires vers lesquels son coursier l'avait emporté. Mais les nobles chasseurs ne racontaient pas tout : ils taisaient certaines aventures, plus pittoresques que morales; et Charles X lui-même s'efforçait d'en oublier une, *qu'un hasard*, trop bien arrangé pour être fortuit, vint révéler à plusieurs gentilshommes de la suite du roi, en l'an de grace 1825.

Peu de mois après son couronnement, Charles X, chassant dans la forêt de Fontainebleau, à quelque distance de Moret, s'arrêta tout à coup, et, jetant autour de lui un regard songeur, sembla tourmenté par une pensée fatigante. Les courtisans qui se trouvaient le plus près de sa majesté crurent entendre un long soupir s'échapper de son sein; puis ce souverain bientôt s'abandonna à une profonde rêverie, qu'il ne chercha point à dissimuler... Enfin, le roi s'écria en paraissant attacher sa vue sur un petit tertre de gazon :

— Est-il possible!.... Dieu permet-il qu'un prodige s'opère ici?

Et les chasseurs, ayant porté leurs regards dans la direction indiquée par celui de sa majesté, aperçurent une jeune fille, une sorte de paysanne élégante, telle qu'on en voit aux environs de Fontainebleau. Mais chacun d'eux remarqua que cette paysanne n'était point habillée à la mode du temps : sa mise rappelait celle que les filles de fermier portaient dans le pays, vers la fin du XVIIIe siècle : *juste* et jupe en soie gorge de pigeon; manchettes au coude; fichu de mousseline, bordé de dentelle; bonnet à large *papillon*; orné d'une valenciennes large de trois doigts, et laissant échapper un épais chignon de beaux cheveux luisans; le fin bas de coton, le soulier en veau d'Orléans, qu'attache une petite boucle d'argent à facettes. Tout cela constituait une toilette aussi fraîche que coquette; mais arriérée de cinquante années, relativement au costume contemporain... Les courtisans, surpris, se disaient entre eux : cette jeune fille, comme une autre Belle-au-bois-dormant, a-t-elle sommeillé l'espace de dix lustres, sous le charme de quelque fée, dans les grottes de grès qui bordent la forêt de Fontainebleau?

Cependant le roi s'était porté en avant d'un pas rapide, et, par dévoûment, les gentilshommes chasseurs l'avaient suivi. Il se dirigea vers la jeune fille, alors occupée à cueillir quelques fleurs des bois, sans paraître s'occuper le moins du monde de la cour, qu'un grand bruit de meute et de cors avait pourtant annoncée... Lorsque sa majesté l'aborda, elle chantait à demi-voix un refrain fort en vogue quatre à cinq ans avant la révolution de 1789.

Le roi s'arrêta un moment, dominé par je ne sais quel mélange indéfinissable de terreur, de superstition et de quelque chose comme le repentir, mais auquel se combinait le souvenir lointain d'une vive félicité.

— Jeune fille, dit-il enfin d'une voix mal

assurée; qui êtes-vous et que faites-vous là?

— Ah! vous m'avez fait peur, répondit avec assurance la paysanne en se relevant... et je vous dirai, Sire, que ce n'est pas ainsi que vous abordiez autrefois les demoiselles dans les grands bois....

— Ah! mon Dieu, murmura sa majesté, à quelle épreuve vous plaît-il de me mettre.....

— Oui, pendant le printemps de l'année 1785, vous aviez, Sire, une tout autre manière d'accoster les jeunes fiancées que vous rencontriez à la chasse...

— J'ignore ce que vous voulez dire, mon enfant, répliqua Charles X avec un sourire laborieux.

— Je vais donc m'expliquer plus clairement, reprit avec fermeté la jolie paysanne (car j'ai omis de vous dire que cette hôtesse des bois était fort jolie).

« Il était environ deux heures de l'après-midi; une jeune fille du village de Thomery, qui devait épouser, le lendemain, le fils d'un riche fermier de Nemours, traversait cette partie de la forêt pour se rendre chez un de ses oncles, à Moret... Le soleil dardait avec force ses rayons à travers la feuillée à peine éclose; la jeune fille avait marché vite; elle s'assit sur le tertre que voici, pour se reposer un instant. Elle rêvait à son prochain mariage, à son prétendu, beau jeune homme, qui venait de faire un congé dans les dragons de la reine, et se peignait sous les plus suaves couleurs un bonheur qu'elle ignorait. L'innocente créature se disait : demain... c'est encore bien loin... Ce demain, rempli de séductions inconnues, ne devait jamais venir...

La paysanne allait continuer sa route, lorsqu'un jeune seigneur, joli, d'une taille élancée, parfaitement fait et maniant avec adresse un cheval richement harnaché, déboucha soudain d'une allée de chasse, et s'arrêta devant elle.

— Ma belle enfant, lui dit-il, veuillez, je vous prie, m'apprendre où je suis; j'ai perdu la chasse, et je ne sais quel chemin prendre pour retourner au château...

« La fiancée du dragon ne répondit pas d'abord à la question qui lui était adressée; son émotion extrême se fût révélée en parlant : elle demeurait étourdie d'admiration à la vue des traits charmans, des cheveux blonds légèrement défrisés par la brise, de l'élégante tournure et du riche uniforme écarlate qui contribuaient à presque déifier à ses yeux le gentilhomme qui l'interrogeait... Ah! se disait-elle tout bas, que mon fiancé, qui me paraissait si beau hier encore, est commun et lourd auprès de ce cavalier ravissant.....

« Si le beau seigneur eût continué son chemin sur l'indication que l'habitante de Thomery ne songeait pas à lui donner, le trouble nouveau qui l'agitait se serait sans doute dissipé, et l'image du dragon se fût doucement restaurée dans l'esprit de sa fiancée. Mais le beau chasseur était là; il regardait attentivement la jeune fille, à travers un clignotement de connaisseur exercé; puis, mettant pied à terre, il vint s'asseoir près d'elle en lui disant :

— Vous n'aurez donc pas la charité, petite méchante, de remettre dans le bon chemin un pauvre chasseur égaré..... Savez-vous que c'est bien mal cela...

— Monsieur, répondit enfin la paysanne de

Thomery, en s'éloignant un peu de son nouveau voisin, je ne suis pas bien sûre de l'allée qu'il faut suivre pour aller droit au château...: Je crains de vous égarer plus que vous ne l'êtes...

— Cela pourrait bien être, dit le chasseur en s'approchant de nouveau de la paysanne; mais n'importe, si vous voulez être mon guide dans un joli sentier que je brûle de suivre avec vous, je ne regretterai pas le temps passé sous ces ombrages.

« Et le gentilhomme avait ceint la taille de la jeune fille d'un bras caressant; et le parfum de sa chevelure l'enivrait comme un philtre; et sans qu'elle eût conçu l'ombre d'une volonté contraire aux entreprises de ce hardi chasseur, il se trouva qu'il lui avait donné plusieurs baisers... La pauvre enfant entrait à peine dans sa dix-septième année; elle ne savait ni comment s'annonce un danger, ni comment se réprime un désir : cette double ignorance la perdit.... La cérémonie du lendemain, les conviés de la noce, déjà réunis chez son père, les promesses de bonheur que lui avait faites l'infortuné dragon, tout fut oublié, tout fut sacrifié... Et le beau chasseur, comme si l'inappréciable incident du déshonneur d'une femme eût ravi trop d'instans à sa brillante journée, s'élança sur son cheval, avant que la pauvre fille eût cessé de pleurer cette perte que l'on pleure toujours, même lorsqu'on l'a subie avec transport.

« Cette perte n'était pas la seule qu'elle eût faite dans cet instant fatal : son cœur, ce cœur qui ne savait point encore se connaître, s'attacha aux traces du brillant séducteur... La paysanne de Thomery ne voulut plus épouser son prétendu le dragon ; elle refusa même de le revoir... Le malheureux, éperdu, désespéré, se brûla la cervelle à l'heure même où il devait conduire sa fiancée à l'autel.....

« Votre Majesté, continua la jeune paysanne, doit avoir entendu parler de cette aventure, que l'on ne put, dans le temps, assoupir entièrement à la cour... vous aviez alors vingt-huit ans ; vous portiez souvent un uniforme écarlate, et vous chassiez quelquefois dans la forêt de Fontainebleau. Votre Majesté a connu le séducteur de la jeune fille de Thomery ; il existe encore, il est à la cour. — Votre Majesté pourra lui apprendre que cette pauvre créature, chassée de sa famille, déshéritée, honnie par les habitans du village, s'en est éloignée un matin pour n'y plus rentrer... Pendant vingt-trois années, elle a mené, dans les camps, une vie de périls, de labeur et de misère; devenue mère, elle a marié sa fille, et celle-ci est devenue mère à son tour. Ce n'est, Sire, que par le talent de sa petite-fille, talent contre lequel l'Église lance tous ses anathèmes, que la paysanne de Thomery a retrouvé le morceau de pain enlevé par la restauration au vieux brave, son mari. Votre majesté ne recommandera-t-elle pas au beau chasseur de 1785 celle qui perdit pour lui plus que la vie : l'honneur et la bénédiction d'un père et d'une mère au lit de mort?

Le roi n'avait entendu ce récit qu'à travers une agitation inexprimable, devenue maîtresse de toutes ses facultés; sa majesté se trouvait sous l'empire d'un enchantement qui soulevait dans son ame dévote les pensées les plus superstitieuses... Un miracle semblait s'opérer pour lui faire expier le déshonneur de la jeune fille, la mort tragique du pauvre dragon, et le malheur d'une longue vie de femme..... Il croyait à un miracle, car cette femme déshonorée en 1785, il la revoyait en 1825, avec toute sa jeunesse, avec son habit de fiancée, avec ces mêmes charmes qui l'avaient séduit, et que le temps ne semblait avoir épargnés que pour s'offrir sous l'aspect d'un remords aux yeux du monarque.....

— Au nom de Dieu, s'écria Charles X., qui êtes-vous?

— Votre majesté pourrait l'avoir deviné.... je suis la petite-fille de la paysanne de Thomery... Charles X, ramené des régions du merveilleux par cette déclaration, sentit qu'en présence de sa cour il ne devait pas, au point de dévotion où il était parvenu, avouer le méfait que la jeune personne lui imputait: l'esprit de la congrégation reprit soudain ses droits.

— Je ne sais, Mademoiselle, ce que vous voulez me dire, et n'ai pas compris un mot de ce que vous venez de me conter.

Le roi achevait à peine d'articuler cette dénégation, lorsqu'une femme de cinquante-sept à cinquante-huit ans, couverte des habits du peuple et sortant d'un massif de jeunes chênes, s'avança vers sa majesté, et, lui tendant un éperon d'or, dit d'une voix fortement accentuée :

— Sire, un loyal chevalier ne nie pas plus le combat où il a perdu ses éperons que celui où il les a gagnés... Il y a quarante ans que je garde ce gage d'un évènement que votre majesté n'a pas plus oublié que moi... Il est digne d'un roi pieux de se repentir, dans le sein de la religion, des fautes de sa jeunesse; mais auparavant il faut les confesser... Cet éperon, qui porte en dedans les armes de la maison d'Artois, sera remis demain à l'officier de votre majesté qu'elle enverra le prendre à l'entrée de la cour du Cheval-Blanc, entre neuf et dix heures du matin.

A ces mots la vieille femme et sa petite-fille rentrèrent dans le bois, et les chasseurs s'éloignèrent au galop, sur les traces de Charles X.

Le lendemain, un des gentilshommes de la chambre se rendit au lieu indiqué, et remit à la paysanne de Thomery le titre d'une pension de 1,200 francs sur la liste civile, contre l'éperon d'or qu'elle avait conservé tant d'années, au milieu de toutes les privations.

Au retour du roi à Paris, le bruit de cette aventure se répandit assez promptement dans le château des Tuileries; on me la raconta avec toutes les assurances possibles d'exactitude et de véracité. On ajoutait que la jeune fille qui, pour émouvoir sa majesté par un tableau imité d'Aline, reine de Golconde, avait paru d'abord dans les bois, était une cantatrice déjà renommée, et qui depuis a fait une grande fortune théâtrale.

CHAPITRE X.

Relisez les journaux. — Le petit sultan. — Corbières. — Lame à double tranchant. — *Le coquin de neveu.* — Les électeurs à dix francs par tête. — Trois quintaux de représentation nationale.

Le château des Tuileries, au temps de la restauration, eut son *œil de bœuf*, comme Versailles avait eu le sien avant la révolution. Mais quelle différence de ton, de manières, de communications! les deux époques se résument seulement par l'examen moral de ce qui se passait dans ces deux salons. Aux Tuileries, ce n'était plus cette insoucieuse légèreté, ce débit scintillant de riens, cet étalage incessant et vaniteux de travers qu'on avait remarqués à l'œil de bœuf de Versailles : dans une longue lutte d'intérêts, d'ambitions, de dissidences politiques, commencée en 1789, qui n'était pas finie en 1830, qui se perpétue encore au moment où j'écris, les courtisans, ainsi que les autres hommes, ont effacé, à force de rudes contacts, ce vernis non moins superficiel que brillant, qui distinguait les anciennes cours. Les caractères se sont bronzés au pied du trône, tout aussi bien que dans la société ; la rieuse plaisanterie, le badinage moqueur, l'épigramme à fleur d'amour-propre dont on égayait jadis l'attente d'un grand lever, ont fait place à l'amère critique, à la détractation intéressée ; autrefois l'envie des grands était armée d'épingles ; de nos jours elle porte des traits acérés qui pénètrent profondément ; autrefois, l'homme de cour ne signalait son esprit de rivalité qu'à l'aide du sarcasme et du ridicule ; aujourd'hui, c'est à l'honneur de ses rivaux que le courtisan ambitieux s'adresse : à la cour de Louis XV, on s'égratignait superficiellement; à celle de Louis XVIII et de Charles X, on se déchirait.

A l'appui de cette assertion, je grouperai dans ce chapitre divers récits, qu'en circulant de l'appartement du roi à la salle des maréchaux, j'ai saisis à la volée pendant les dernières années de la restauration.

« Vous voyez bien ce magistrat qui, sur cinq levers du roi n'en manque guère qu'un, disait certain gentilhomme de la chambre à l'un de ses collègues, en se promenant, bras dessus bras dessous, dans la galerie de Diane; eh bien! je sais sur lui la plus piquante des anecdotes.

« Durant les cents jours, continua le gentilhomme, ce robin fut d'abord napoléoniste ardent; mais dès qu'il sut la défaite de Waterloo, Louis XVIII n'eut pas de partisan plus chaud. Au moment de cette seconde agonie de l'empire, un journal royaliste s'était avisé de proclamer dérisoirement l'*ordre du sabre et de la moustache*, assez plate critique des illustrations impériales, que nos amis n'étaient guère fondés à livrer au ridicule. Cependant le légitimiste de fraîche date, qui, depuis trois jours, fréquentait assidûment les salons royalistes, apporta un soir chez madame de M*** le numéro de la feuille en question, qui contenait l'article sur l'ordre du sabre : il le fit circuler complaisamment. De main en main le pamphlet périodique tomba dans celles d'un officier des gardes du corps qui, professant le plus profond mépris pour les versatilités politiques, n'aimait point du tout notre magistrat transfuge.

« Mesdames et Messieurs, dit cet officier, après avoir lu la diatribe colportée, ceci est d'une platitude dégoûtante, et les écrivains qui ont fait cet article sont des hommes sans portée. Nous avons des armes plus sûres contre l'usurpation nouvelle de Buonaparte; les sabres et les moustaches que l'on cherche ici à tourner en dérision furent, à toutes les époques, l'origine de la bonne noblesse: c'est parce que les premiers Montmorency, les premiers La Tremouille, les premiers Périgord portaient sabre et moustache qu'ils se prévalent avec raison de leur vieille noblesse : on grimace ridiculement lorsqu'on rit des choses respectables.

« Mais, tenez, continua le militaire qui tenait le journal, voici quelque chose de plus curieux : c'est la liste des rincipaux votans dans le procès de Louis XVI, qui, depuis la restauration, se sont rangés sous les bannières de la légitimité... Et voyez comme il est utile de lire un journal avant de le recommander à l'attention des autres; monsieur, qui vous apporte avec tant d'empressement celui-ci, n'y figure pas seulement comme ayant voté la mort du monarque infortuné, mais encore comme ayant recruté trente-cinq votes pareils, dans la nuit...

« On conçoit l'effet... Le royaliste ne se hasarda pas à subir toutes ses conséquences; cinq minutes après la conclusion de l'officier, il avait disparu du salon. »

A propos de journal, il me revient au souvenir une de ces explosions de cris aigus que Louis XVIII faisait éclater lorsqu'il était en colère; alors on l'entendait de fort loin, à travers paravens, portes de bois et portes battantes.

« Concevez-vous une telle sottise, une telle niaiserie, s'écriait sa majesté, en s'adressant au premier gentilhomme de la chambre ; il faut que ce Corbières soit devenu tout-à-fait stupide... Écoutez, je vous prie, mon cher duc, ce que je trouve dans ce numéro du *Miroir*... Et le roi se prit à lire, tandis que je prenais note de la date du journal pour y retrouver l'article que voici :

« M. de Corbières fut parfois d'une naïveté bouffonne dans ses confidences à la chambre; on lui a entendu faire de ces aveux que Mamoud, le despote par excellence, n'aurait peut-être pas osé émettre dans son empire, lui qui a tant osé; d'où l'on peut conclure que, pour son bonheur et le nôtre, M. de Corbières aurait dû être empereur d'Orient. M. de Corbières donc, le ministre français, puisqu'il ne fut pas empereur d'Orient, dit l'un de ses jours à la chambre des députés : « Tous les fonctionnaires « qui ne sont pas ministériels seront destitués.» Est-il rien de plus positif, de plus clair que ces dix mots..? après cela, venez donc, vous, fonctionnaires qui avez foi en la charte, venez donc vous permettre d'avoir une opinion autre que celle des ministres, et avisez-vous de récriminer parce qu'on vous aura enlevé votre emploi, votre seule ressource, votre gagne-pain..... M. de Corbières prévient son monde; il ne prend personne en traître, et c'est beaucoup. »

« N'y a-t-il pas, mon cher duc, reprit le roi d'une voix encore plus stridente qu'avant sa lecture, n'y a-t-il pas tout un code de stupidité dans l'unique phrase citée par le *Miroir*... Sottes gens, qui prétendent toujours marcher à découvert! Je n'en ferai jamais rien... ah! Decazes, mon pauvre Decazes, où es-tu? »

Je ne sais si M. de Corbières finit par se former aux allures de la monarchine simili-constitutionnelle que méditait sa majesté Louis XVIII, mais on serait tenté de le croire, quand on se rappelle le laisser-aller que ce petit légiste, devenu ministre, se permettait quelquefois avec les plus grands personnages de la cour. Un matin, je vis entrer dans la galerie M. le duc d'Avray, fort mécontent de M. de Corbières, qu'il appelait tout simplement ce drôle de Corbières...

— Croirez-vous, mon ami, se prit à dire le capitaine des gardes à un gentilhomme ordinaire, croirez-vous que moi, qui ne fais antichambre que chez le roi, j'ai attendu ce matin près d'une demi-heure dans celle de cet homme-là?

— Quoi! vraiment, M. le duc.

— Vrai, comme j'ai l'honneur de vous le dire... Mais aussi je lui ai dit son fait en deux mots... Imaginez-vous qu'en attendant, je voyais monsieur dans son cabinet, dont la porte était ouverte; il examinait paisiblement les marges d'un Elzévir...

— En vérité, M. le duc?

— Il y avait de quoi lui casser ma canne sur le dos jusqu'à la pomme.

— Je suis tout-à-fait de votre avis.

— Cependant, quoique nous ne soyons pas obligés, nous autres gens de qualité, de respecter un ministre constitutionnel, j'ai craint que la correction méritée par ce pol..... ne déplût au roi, et je me retirais, lorsque Corbières a couru après moi.. — Veuillez, M. le duc, agréer mes excuses, m'a-t-il dit d'un ton d'ailleurs assez convenable, je vous avais oublié. — Vous ne m'avez pas oublié, Monsieur, ai-je répondu avec cette dignité qui ne convient qu'à nous autres grands seigneurs, vous vous êtes oublié vous-même.

— Ah! parfait, s'écria le gentilhomme de la chambre auditeur... Que devins-je lorsque, le jour suivant, je l'entendis redire au ministre Corbières le récit de M. le duc, tourné en ridicule, et avec exacte suppression des épithètes dont le capitaine des gardes avait lardé sa narration... Je sus plus tard que ce gentilhomme sollicitait, pour son fils aîné, le grade de maréchal-des-logis dans la compagnie d'Avray, et une sous-préfecture pour son fils puiné.

Lorsque je voulais entendre des anecdotes amusantes, je restais, comme je l'ai dit ailleurs, dans la salle des gardes, sous divers prétextes. Les compagnies de gardes du corps étaient une pépinière de vaudevilistes et de romanciers, qui, sur les traces des Dartois, des Théaulon, des Brisset, des Théodore Anne, se sont lancés depuis dans la république des lettres avec plus ou moins de bonheur. Or, ces messieurs avaient l'élocution leste, joyeuse, et pas du tout bégueule, quant aux appréciations politiques. Leur joyeuse férule atteignait indistinctement le ridicule sous toutes les bannières; il leur arrivait même de fustiger amis et parens : je vais en fournir la preuve.

Un de ces messieurs avait un oncle député : un de ces députés qui, comme les Piet, les Puymaurin et tant d'autres, devinrent, à différens titres, le point de mire de la presse badine ; et le *coquin de neveu* était le premier à faire insérer dans le *Corsaire* ou le *Figaro* des articles contre ce parent, dont il devait être, notez bien ceci, le légataire universel.

— Un conte de famille, dit un jour le malin garde du corps à ses collègues, pour charmer une matinée de garde.

« Mon oncle est, comme vous save , député ministériel : personne ne vote avec plus de docilité aux commandemens du grand Villèle. *Munito*, de savante mémoire, n'obéissait pas à son maître avec plus de précision ; et vous conviendrez, mes camarades, qu'un député qui peut se prévaloir de l'obéissance passive d'un caniche, est un homme précieux pour le ministère. Je ne connais qu'une seule circonstance qui puisse trouver mon oncle récalcitrant, c'est quand on l'invite à desserrer les cordons de sa bourse : j'ai là dessus des données de science certaine. Or, sa lésine se prononça de la plus étrange manière à l'époque de son élection : c'est un trait digne de l'Harpagon de Molière, que je veux mettre en vaudeville, si je puis parvenir à n'avoir pour cela que deux associés. Selon l'usage, le ministère avait fait des fonds culinaires destinés à régaler, dans un immense repas, les électeurs dont on voulait capter le vote en faveur de mon oncle. Un particulier du chef-lieu, connu pour son entente gastronomique, fut chargé de diriger les apprêts du banquet, auquel cent électeurs environ devaient prendre part.

« Mais voilà que cinquante convives seulement se rendent à l'invitation... Les électeurs dévoués au trône et à l'autel firent bien tout ce qu'ils purent pour doubler les puissances digestives de leur dévoûment ; ce fut en vain :

la moitié du dîner demeura intacte... Ah! ah! s'écria mon oncle, ceci me regarde : Il est clair que le gouvernement a alloué pour mon élection un dîner de cent couverts; cinquante seulement ont été occupés... déduction pure et simple à faire à mon profit. Et le candidat ministériel de courir immédiatement chez l'ordonnateur du banquet.

— Mon cher Monsieur, lui dit-il, nous avons un petit compte à faire ensemble.

— Je ne prévois pas comment.

— La chose est cependant claire : vous deviez traiter hier cent électeurs, à dix francs par tête; vous n'en avez traité que cinquante, donc il reste cinq cents francs à votre disposition.

— Cinq cents francs, valeur en fricassées de poulets, en fricandeaux, en dindons truffés, et en crêmes diverses; ayez des bouches de bonne volonté, et ma liquidation s'opère.

— Je n'entends pas cela : mille francs étaient consacrés à ma nomination; moitié de la somme seulement a été consommée, vous me devez l'autre moitié.

— Prétention ridicule !....

— Eh bien ! nous verrons, Monsieur ; demain vous recevrez une assignation.

— Vous voulez donc que votre réputation de sottise vous dévance à Paris ?.. Il sera pourtant bien assez tôt de l'établir quand vous y serez.

— Ah ! vous le prenez sur ce ton.... nous plaiderons, Monsieur, nous plaiderons.

« Et ils plaidèrent.

« Mon oncle, ainsi que vous pouvez le prévoir, mes camarades, perdit le procès étrange qu'il avait intenté à l'ordonnateur ; les juges lui rirent au nez. Plus tard, ce grotesque procès ayant été rapporté dans la *Gazette des Tribunaux*, mon oncle fut cause que tout Paris, et peut-être toute la France, rirent au nez du ministère suborneur à dix francs par tête.

« Je ne connais pas un député du centre, continua le garde du corps, qui ait, aussi bien que mon oncle, profité d'une session pour s'arrondir dans ses affaires comme au physique. Pour ne parler que de ce dernier accroissement, je puis vous garantir que l'honnête centrier pesait trois quintaux lorsqu'il quitta dernièrement la capitale pour retourner dans son département.

« Or vous saurez, Messieurs, qu'au moment de son départ, j'avais d'excellentes raisons pour me montrer complaisant et serviable envers ce cher parent... Les finances d'un garde du corps, et vous le savez tous, chers camarades, sont habituellement dans un état de marasme qui réclame les soins fréquens du médecin... Je vouais, dans ces derniers temps, une tendresse toute particulière à mon oncle le député. Je me chargeai d'aller retenir sa place à la diligence, et je promis de la lui avoir bonne. On va voir que c'était promettre beaucoup.

— Vite, Monsieur, m'écriai-je en m'adressant à l'employé des Messageries chargé d'inscrire les départs, une place *d'intérieur* pour mon oncle le député ministériel.

— Notre administration fait le plus grand cas de messieurs les députés ministériels; mais une place d'intérieur, c'est bientôt dit, encore faut-il qu'elle se trouve.

— Qu'est-ce que vous dites donc? Il y a toujours des places pour les députés du centre.

— J'entends bien... Cependant tous n'arrivent pas comme cela à l'intérieur... C'est recherché, voyez-vous, parce qu'on y dort commodément. Par bonheur, il me reste un numéro trois.

— Le numéro trois! c'est justement ce qu'il nous faut.... Mon oncle ne sort pas de là : presque toute sa fortune est en trois pour cent, il demeure rue des Trois-Frères, numéro 3, au troisième ; il siége sur la troisième banquette du centre droit, y ronfle tous les jours trois heures, pour la plus grande prospérité de ses mandataires, et dîne ensuite trois fois, s'il le faut, pour répondre à toutes les invitations.

— Je reconnais bien là M. votre oncle; depuis sept ans qu'il représente, il a toujours fait honneur à son département.

— Oh! mais il n'a jamais représenté comme aujourd'hui; vous verrez, vous verrez... Mais veuillez, M. l'employé, ordonner qu'on charge sur la voiture les bagages que j'ai fait apporter.

— Bon Dieu ! quel attirail !

— Il n'y a pas de quoi se récrier : douze casserolles, quatre tourtières et deux fours de campagne pour M. le sous-préfet ; six douzaines d'*Écoles du peloton*, pour notre collége des jésuites, et deux caisses de *Petits Paroissiens*, pour le dépôt du cinquième régiment de hussards... Il faut bien contribuer à la conservation des principes dans les départemens.

— C'est juste.... on va charger votre batterie de cuisine.

« Ces dispositions préparatoires étaient faites depuis trois heures, lorsque mon oncle arriva au bureau des messageries, haletant, la tête fumante de chaleur, et chargé de comestibles destinés à combler au besoin le déficit culinaire des auberges de la route. A l'aspect de ce représentant formidable, qui, dans le cours d'une session, avait doublé de volume et de poids, l'employé recula de trois pas, et trembla pour les ressorts de la diligence destinée à transporter cette masse volante.

« Ce fut bien pis au moment où mon oncle, hissé péniblement sur le marche-pied par son domestique, se présenta pour occuper sa place : Il partit de la voiture un cri d'effroi, que suivit un long gémissement.... En effet, les voyageurs furent mis à une véritable question, lorsque le nouveau venu essaya de s'interposer, comme un énorme coin, entre une paroi de la voiture et la personne qui devait voyager à ses côtés.... Bientôt la plainte prit le caractère d'une opposition, que dis-je, d'une sédition... Enfin, les cinq opposans déclarèrent, à l'unanimité, que mon oncle ne pouvait être admis.

« L'employé voulut en vain réclamer la bienveillance des voyageurs en faveur du député ; il ne put rien obtenir, bien que ce volumineux représentant fût le compatriote de ces Messieurs.

— Non, disait l'un, il enleva, l'année dernière, pour son frère, la recette particulière de mon neveu.

— Non, s'écriait l'autre, j'ai dû abandonner

à son crédit un entrepôt de tabac, qu'il fait gérer à son profit.

— Non, ajoutait un troisième plaignant, il ne sera pas dit que je favorise un homme qui néglige tous nos chemins vicinaux....

« Restaient dans la diligence un lieutenant de cavalerie, et une jeune personne qui s'était annoncée en qualité de soubrette d'une société dramatique.

— Il y aurait un moyen de tout concilier, dit en riant le militaire : si Mademoiselle n'a pas de raison pour préférer un siége à un autre, je lui offre mon genou.... Qu'en pensez-vous, ma voisine...?

«Pour toute réponse, la soubrette s'élança sur le genou du complaisant officier; le député remplit les deux places, et la diligence partit... J'attends le retour du conducreur pour savoir si le lieutenant s'est plaint d'un engourdissement.

CHAPITRE XI.

Les deux coupeurs, rencontre aux Tuileries.— Bonne foi provinciale. — Échappée de vue sur l'Académie française.

LORSQUE le neveu du député centrier eut terminé son récit, un garde du corps connu pour écrire dans une feuille littéraire fut invité par ses camarades à lire deux articles qu'il avait composés pour ce journal ; mais son tour de faction étant arrivé, le journaliste amateur fut obligé de remettre sa lecture à l'après-dînée. Je me retirai, et je me promis à moi-même de revenir le soir avec mon ami le sténographe.

« Je n'y manquai pas; il se trouvait là un paravent derrière lequel l'ex-professeur se plaça; et le lendemain je pus ajouter ce qui suit à la collection que je me proposais dès lors de publier.

« Le premier article que je vais vous lire, Messieurs, dit l'officier littérateur, est une petite scène de mœurs, que la circonstance m'inspira au moment où j'appris que sa majesté Charles X venait de supprimer la commission de censure : cette scène est intitulée *les deux coupeurs*. Cela dit, l'auteur commença sa lecture ainsi :

— Tandis que le vent de nord-ouest détache les feuilles desséchées du jardin des Tuileries, et les fait voltiger en nuages jaunâtres, deux hommes d'un âge mûr sont assis aux deux extrémités d'un banc. L'un d'eux tient un journal, qu'il a sans doute fini de lire, car le voilà qui plie ses besicles de chrisocale; l'autre dessine quelque chose sur le sable, avec le bout de sa canne.... Je m'approche, et je reconnais que le dessinateur vient de tracer une paire de ciseaux. Plaçons-nous près de ces honnêtes oisifs, leur physionomie promet : il y a ici, je crois, quelque donnée comique à saisir.

« Dans le temps que j'ai mis à m'emparer d'une chaise vacante, et à m'appuyer le dos contre le tronc d'un gros marronnier, mes deux voisins ont, par un mouvement simultané, fait disparaître l'espace qui existait entre eux. Observons. Les individus qui m'occupent sont vêtus de redingotes également sèches; celui-ci est coiffé d'un séropile gris (1), que la saison condamne; celui-là porte fièrement, sur l'oreille gauche, un chapeau de paille, dont le tissu végétal, tardivement honoré en novembre, dénonce l'absence forcée d'une coiffure plus solide. L'homme aux ciseaux étale à sa boutonnière un long morceau de ruban rouge pâli : on dirait qu'il essaie de couvrir, à l'aide de cet insigne, un corps vide d'entrailles et de cœur. L'homme aux besicles est aussi décoré; mais

[1] Chapeau de soie.

un simple liseré ponceau révèle un chevalier qui n'a pas besoin de croix pour faire croire à son honneur. Le dialogue s'établit ; écoutons :

— Monsieur paraît avoir servi, dit le porteur du chapeau de paille.

— Oui, Monsieur : j'ai servi des ambitions, des intérêts.... des puissances qui ne voulaient pas être contrariées.

— Moi, j'ai tâché de servir la patrie et l'humanité.

— C'est très-beau, sans doute; mais il me semble que ce n'est pas lucratif, car votre habit laisse voir à nu le travail du tisserand.

— Le vôtre n'annonce pas l'opulence.

— Oh ! c'est différent : avant de servir, j'ai fait beaucoup de vaudevilles, conséquemment beaucoup de dettes, que je n'avais pas encore payées quand on m'a mis en non-activité.... C'est malheureux : six mois d'exercice de plus et j'étais *au pair*.

— Je n'eus jamais le même espoir : fils d'un cirier qui m'a fait rouler des cierges jusqu'à quinze ans, j'ai conçu une invincible antipathie pour toute espèce de luminaire en cire, et de nos jours j'ai su trop mal éclairer ma marche pour arriver aux grandeurs. Mais vous, lorsque vous serviez, quelles étaient vos fonctions?

— Je coupais.

— Vous coupiez, eh! parbleu, moi de même.

— Oui, je coupais des mots, des phrases, des pages.

— Oh! oh! moi je coupais des jambes et des bras.

— Vous étiez chirurgien militaire; j'étais chirurgien politique.

— Comme vous dites, Monsieur l'ex-censeur, car j'ai reconnu votre profession; mais quand j'avais coupé, la guérison du corps était assurée; et vous, plus vous faisiez d'amputations, plus vous envenimiez; nous ne pouvons sympathiser ensemble. En disant ces mots, le major s'éloigna du *mutilateur* littéraire, de tout l'espace que j'avais d'abord remarqué entre eux.

— Vous me quittez, reprit le dernier.

— Oui, Monsieur l'opérateur de la pensée, je vous quitte; nous n'avons pas servi, nous ne servirons jamais sous les mêmes drapeaux, et je suis encore à concevoir comment nous portons sur la poitrine quelque chose de commun. »

Tous les auditeurs crièrent bravo! Selon l'usage de la jeunesse contemporaine, ils placèrent le jeune moraliste porte-casque au dessus de Sterne, d'Adisson et de Lesage; jugèrent par leur baudrier que Jouy n'était auprès de lui qu'un écolier; et la voûte de la salle des maréchaux retentit long-temps des vivat qui furent décernés à cet observateur par ses enthousiastes camarades.

« J'ai pourtant à vous lire quelque chose de mieux encore, dit le garde du corps journaliste en dépliant un nouvel article : ceci est empreint d'un atticisme plus mordant, d'une critique plus étudiée sur nature. Je crois, ajouta-t-il, par une éclipse totale de modestie, qu'il y a là, tout à la fois, du Labruyère, du Mably, du Voltaire; plus le charme du style, que les écrivains des deux derniers siècles n'ont pas même soupçonné. Suivez bien ma lecture, Messieurs, et voyez avec quel art j'ai produit ma petite fable critique. Et le modeste auteur se prit à lire :

« Calomnie, mon cher, véritable calomnie !... rien de plus candide, de plus pur que les lettres. On ne les voit point céder aux insinuations de l'intrigue; leur noble culte est vierge des souillures d'un vil intérêt. Jamais, de nos jours, elles ne brûlèrent un seul grain d'encens sur les autels de la fortune ou du pouvoir. En un mot, si la bonne foi, le désintéressement, la grandeur d'ame, paraissaient exilés de la terre, on les retrouverait dans le cœur des gens de lettres.

— « Je veux bien, mon ami, convenir que vous avez raison, si vous entendez par la *terre* le département des Basses-Alpes, d'où la malle-poste vous amena hier. Rendant hommage à la simplicité patriarcale des auteurs de la Durance, je me persuade volontiers que vos Tacites champêtres rêvent encore la candeur historique sous leurs oliviers; que vos illustres écrivent eux-mêmes les ouvrages qu'ils publient; que leurs éditions se composent de cent exemplaires au moins; que le journaliste de la contrée n'est pas vendu aux écrivains à grande réputation et à petits moyens. Enfin, que la *camaraderie littéraire* de vos modernes troubadours n'est pas une illusion. Je conviendrai, pour peu que cela vous plaise, que le théâtre de votre capitale montueuse s'ouvre également pour tous les dramatistes des trois arrondissemens communaux ; qu'aucun ne dit :

« Nul n'aura de l'esprit hors nous et nos amis....

« Je pousserai même le respect pour vos assertions jusqu'à croire la pensée libre, des tours de Digne aux ruines crenelées de Forcalquier ; jusqu'à proclamer que les poètes provençaux riment dans une indépendance absolue de l'éloquence administrative de M. le préfet, et flairent d'un nez dédaigneux les parfums qui s'exhalent des cuisines préfectoriales. Mais à Paris, mon ami, il faut rectifier vos idées, ou plutôt il faut en prendre le contre-pied.

— Grands dieux! que dites-vous?... Quoi! ces lettres, nourries des beaux exemples de l'antiquité, régies par l'esprit, par le goût; ces lettres destinées à épurer les mœurs, à rehausser la gloire des nations.... elles se sont laissé corrompre sur une terre encore jonchée des lauriers de Corneille, de Racine, de Molière, de Boileau, de La Fontaine, de Fénelon, de Bossuet, de Montesquieu, de Voltaire, de J.-J. Rousseau..... O destinée!! quel malheur s'il ne nous restait pas l'Académie française! Là, du moins, les nobles soutiens de notre renommée littéraire opposent une digue d'airain à la corruption des méthodes, à la médiocrité ambitieuse.

— L'Académie française!.... il y a demain une séance de réception : acceptez ce billet, allez à l'Institut, et revoyons-nous quand vous aurez assisté à l'imposante cérémonie....

« Ce dialogue avait eu lieu entre moi et un jeune provençal, arrivé récemment des Basses-Alpes [1]; et voici ce qu'il me raconta le surlendemain :

[1] Je dois à l'immense renommée d'adresse de M. Thiers, la déclaration que le jeune et candide provençal mis en scène ici n'était pas lui. Lorsque M. Thiers arriva à Paris, il était déjà à la hauteur du savoir-faire qui réussit dans toutes les carrières; s'il ne parvint pas de prime-abord à sortir de la foule des hommes qui perçent par l'habileté,

— Rendu sous le péristyle de l'Institut, j'attendais l'instant d'être admis dans les tribunes, lorsque j'aperçus des hommes qui se pressaient aux portes de l'académie, courbés sous le poids de leurs œuvres.... on les repoussait. Tout à coup, je vis arriver, dans de superbes équipages, trois personnages chamarrés de broderies et de cordons ; ils tenaient chacun un tout petit cahier, et s'élancèrent, du marche-pied de leur voiture, jusqu'au fond du sanctuaire accadémique, qu'on venait de leur ouvrir avec empressement. Monsieur, demandai-je à un vieillard bien couvert qui se trouvait près de moi, quels sont donc les titres de ces brillans candidats ?

— Leurs titres! répondit en souriant mon voisin, vous venez de voir un duc, un comte et un marquis.

— Vous ne m'avez pas compris, je veux parler de leurs titres littéraires.

c'est qu'il fit un moment fausse route avec les libéraux de bonne foi : ce dont il s'est bien repenti depuis, en mesurant le temps qu'il avait perdu à faire de la nationalité sans profit.

— Ah! c'est différent; vous avez peut-être remarqué le mince rouleau, lié d'une faveur rose, que chacun d'eux tient délicatement à la main; eh bien! c'est le bagage de ces immortels par décision ministérielle.

— Cela me paraît bien léger.

— Oui, mais le duc est propriétaire d'un clos magnifique en Bourgogne; le comte possède une excellente truffière à Périgueux, et le marquis est l'homme de France qui *pense* le mieux.

— Ah! j'entends, c'est un moraliste, un philosophe profond?

— Vous n'y êtes pas : c'est l'homme le mieux pensant, dans le sens politique.

— Eh! qu'a de commun la politique avec la nomination d'un académicien.

— Ceci, Monsieur, nous conduirait trop loin... Le vieillard se tut...

— Mais, Monsieur, repris-je, en renouant la conversation sur un point moins délicat, les honnêtes aspirans qu'on vient d'éconduire trouveront-ils, au sein de la société, une compensation de l'échec humiliant qu'ils éprouvent aux portes de l'Académie ?

— Leurs productions ne seront pas même lues, quoique bonnes.

— La raison, s'il vous plaît ?

— C'est que ces écrivains *n'ont pas de nom.*

— Mais ils en acquerront un, puisqu'ils ont du talent.

— C'est une erreur.... De nos jours, et grace à nos sages habitudes, on ne s'attache qu'aux ouvrages des hommes connus. Factice ou réelle, il faut, pour être aperçue, qu'une réputation apparaisse rayonnante dans la sphère des lettres... Il n'est plus permis de commencer.

— Ironie que cela !

— Du tout, le moyen est même simple : il se réduit à faire dire par les journaux, auxquels on envoie des articles tout faits, beaucoup de bien des bagatelles qu'on publie, et beaucoup de mal des chefs-d'œuvre d'autrui.

— Quoi, ce sont là les élémens de cette gloire littéraire dont nous sommes si fiers ?

— Oui, Monsieur, les voilà.... Heureusement, nous pouvons vivre de souvenirs. Mais les portes s'ouvrent, permettez que je vous guide vers les tribunes.

— Bien obligé, je viens d'en apprendre trop sous ce péristyle, pour désirer encore de pénétrer plus avant. Adieu, Monsieur; j'assisterai aux séances de l'Académie française quand les distinctions du rang seront laissées en dehors de ce nouveau lycée; quand le mérite personnel y trouvera la protection qui lui est due; quand vos académiciens ne scruteront plus dans les candidats la pensée politique, et leur tiendront compte de la pensée littéraire; enfin, quand le suffrage des archontes du génie résultera de la juste appréciation des productions de l'esprit, et cessera d'être une réminiscence de l'estomac, en faveur des produits du clos Vougeot et des truffières de Périgueux.

CHAPITRE XII.

Entretien animé aux Tuileries. —Détails intimes.— Madame d'Angoulême quasi-libérale.— La paysanne voyageuse.—Mon fils avocat. Conclusion.

Le mois de juillet, mois néfaste pour les monarques absolus, devrait rester empreint dans la pensée des rois, comme une limite menaçante, au delà de laquelle leur pouvoir s'aventure sur un sol volcanique. Mais il ne s'offrait à la mémoire de Charles X qu'en traits presque effacés. Ce prince ne croyait pas qu'à quarante et un ans de distance, une même cause pût produire un même effet. Les mots de patrie et de liberté, lui avait-on dit, résonnaient sans charme aux oreilles de ces Français, qui, semblables aux abeilles, ne s'agitaient plus que dans une sphère d'activité industrielle, sans s'inquiéter des moyens employés pour gouverner cette grande ruche appelée la France. On avait bien fait remarquer à ce souverain que si une main téméraire vient à s'introduire dans une ruche pour en détruire l'économie, alors les abeilles, insectes ou peuples, se réunissent et dardent soudain mille aiguillons contre le novateur assez mal inspiré pour compromettre l'existence de cette république, qui, donnant sans murmure au maître et sa cire et son miel, veut au moins qu'on les lui laisse élaborer sans trouble, sous les lois qu'elle a bien voulu recevoir. Mais Charles X n'en avait pas moins oublié en 1830, avec l'époque julienne de 1789, si flamboyante sur les tablettes de l'histoire, la puissance des abeilles humaines dont elle rappelait le terrible bourdonnement. Il avait oublié que la médaille décernée aux vainqueurs de la Bastille portait cette inscription : *Ignorantne datos ne quisquam serviat enses* [1]; car ce fut en juillet que se passa la scène dont le récit va clore ces mémoires.

Il était à peine sept heures du matin ; on achevait de charger plusieurs voitures de voyage arrêtées devant l'entrée particulière des appartemens de madame d'Angoulême. On avait vu son altesse royale, en habits de voyage, se diriger, plus matin encore, vers la chapelle, où elle venait d'entendre la messe, lorsqu'un grand bruit de pas retentit dans les appartemens du roi, que je frottais toujours avant le lever de sa majesté. C'était la dauphine, avec plusieurs personnes de sa maison, qui s'arrêtèrent dans le salon où je me trouvais. Son altesse royale passa près de moi sans me voir; elle me parut très-agitée, et ce fut d'une voix fort émue qu'elle se fit annoncer au roi... Un instant après, le valet-de-chambre de service

[1] Ignorent-ils que les armes sont données contre la servitude.

introduisit la princesse dans la chambre à coucher du roi. La porte en fut refermée ; mais une si mince barrière ne put m'empêcher d'entendre le dialogue, extrêmement, animé qui s'établit bientôt entre le monarque et sa belle-fille.

— Sire, dit-elle en entrant, je viens prendre congé de votre majesté, puisqu'il lui plaît de m'exiler.

— Je ne vous exile point, ma fille; mais je crois devoir vous éloigner du théâtre politique, puisque vous avez renoncé au rôle que vous y jouez depuis quinze ans.

— Votre majesté se trompe : je suis loin de renoncer à ce rôle, seulement je commence à le mieux comprendre. J'ai refusé long-temps de croire à la force d'une puissance supérieure à celle des rois, et presque égale à l'omnipotence de Dieu ; l'expérience m'a convaincue, et je sens que tout gouvernement qui ne veut pas être brisé doit reconnaître cette puissance et s'allier avec elle.

— Cette puissance, vous l'appelez ?

— L'opinion publique... Oui, sire, l'opinion publique, continua la dauphine en élevant la voix, parce que le roi venait de hausser les épaules avec un sourire dédaigneux. Par malheur, l'alliance de votre majesté avec cette souveraine des souverains est devenue maintenant bien difficile; vous avez jeté un manifeste trop hostile dans son camp par le licenciement de la garde nationale...

— C'est donc pour cela, ma fille, qu'il faut combattre avec résolution...

— Eh! sire, où sont les généraux qui peuvent descendre avec vous dans la lice pour combattre cet esprit public, si irrité contre les actes de votre gouvernement et contre votre majesté elle-même... Vos hommes d'État vous abusent, s'ils prétendent que la victoire d'Alger vous rend redoutable aux yeux de la nation française: Votre majesté trouvera toujours une armée vaillante et dévouée contre l'étranger, et surtout lorsqu'il s'agira de soutenir l'honneur national; mais dès qu'elle se disposera à pousser des masses armées sur son propre peuple, il n'y aura plus que des citoyens sous les drapeaux... Le prince achète la conscience des chefs à prix d'or, de dignités et de cordons; un peu de cuivre et de pain noir, c'est trop peu pour éteindre au cœur des soldats la sympathie du foyer... De grace, ô mon père, ô mon roi, rappelez-vous les avis et les présages du bon comte de Chabrol, votre ministre, auquel vous avez demandé dernièrement les conseils d'un ami. J'étais là, ses paroles vibrent encore à mon oreille. Il disait à votre majesté : « Sire, le danger de la couronne est grand; mais il peut être conjuré par la prudence, sans qu'il soit besoin de descendre jusqu'à la faiblesse. Il y a dans le cœur des Français un amour pour votre personne, que bien des maladresses gouvernementales ont à peine comprimé, et qui se ranimera dès que les conseillers du trône seront des hommes de l'opinion. Cela ne veut pas dire, ajoutait M. de Chabrol, qu'il faille vous environner de révolutionnaires, et former au tapis des Tuileries un cercle des bonnets rouges mal reteints que l'ambition intrigante étale en 1830... Il est, parmi les vrais amis de la légitimité, des hommes que l'estime et même la confiance du public environnent; que votre majesté les appelle au ministère, au lieu de ces lutteurs politiques, toujours malheureux, toujours battus par la presse sérieuse, toujours honnis par la presse badine, qui ne peuvent plus se maintenir au timon de l'État sans déconsidérer la monarchie, sans compromettre le monarque lui-même. » Voilà, sire, ce que vous disait le comte de Chabrol. Et ce qu'il vous disait m'avait été révélé déjà par l'étude des hommes et des évènemens; par l'échec perpétuel de tout ce qui, dans le gouvernement de votre prédécesseur et le vôtre, n'a pas été en harmonie avec l'élan populaire; par l'accueil flatteur fait à toute disposition empreinte de quelque popularité.

Le roi regardait sa belle-fille d'un air ébahi; il ne pouvait croire que madame d'Angoulême, cette constante directrice de la *camarilla*, cette princesse qui, durant près de quinze années, n'avait paru occupée que de pousser dans les voies rétrogrades le char de la restauration, s'exprimât en 1830 comme un orateur de l'extrême gauche, et parût prête à inscrire son royal nom sur la liste de ces deux cent vingt et un taquins, qui, tout récemment, avaient osé dire au roi de rudes vérités représentatives. Toutes les personnes qui connurent alors la presque-accession de Madame au programme des libéraux, ne s'en étonnèrent pas moins que sa majesté, et l'on chercha, à perte de vue et de présomptions, comment pouvait s'être opéré ce changement tout-à-fait inattendu. Les uns l'attribuèrent, comme son altesse royale le disait elle-même, *à l'étude des hommes et des évènemens ;* les autres pensaient qu'à une époque où l'âge avancé du roi régnant laissait voir, dans une perspective rapprochée, l'intronisation du dauphin, madame d'Angoulême, qui devait régner plus que son époux, sentait le besoin d'accéder enfin à un système franchement constitutionnel, dont la violation avait jusqu'alors laissé le trône chancelant et mal assis sur un sol volcanisé. Probablement il y avait du vrai dans ces deux opinions ; mais il n'est pas même vraisemblable qu'une telle réforme se fût opérée naturellement chez son altesse royale... Non, les idées nouvelles, la nécessité du progrès, le sentiment des droits nationaux, n'auraient pu, sans le secours d'une influence quelconque, pénétrer dans l'esprit et dans le cœur de son altesse royale, à travers les préventions et les croyances héréditaires que cette princesse avait sucées avec le lait de sa nourrice. Il fallait que ces principes, hétérogènes aux vieilles religions bourbonniennes, eussent pénétré, par insinuation, le naturel de madame la dauphine, et cette insinuation, qui donc avait pu l'exercer ?

Je pourrais peut-être répondre à cette question d'une manière satisfaisante, en soulevant le rideau de la vie privée de cette princesse; mais il est des tableaux de vie intime seulement esquissés dans le souvenir des contemporains, et qu'on ne doit achever qu'avec la certitude de n'y point ajouter des traits hasardés. Beaucoup de mes lecteurs, qui ont connu l'intérieur de madame d'Angoulême, comprendront ce que je tais ici : pour eux le secret du changement apporté dans les convictions politiques de son altesse sera transparent : ils penseront avec moi que sa conviction aux doctrines quasi-constitutionnelles fut la conquête d'un de ces ascendans auxquels on s'abandonne, dans quelque direction qu'ils conduisent.... Je reviens à l'entretien du roi avec sa belle-fille.

—Ainsi, vous croyez, Madame, dit Charles X, après un silence long et songeur, que dans les rangs de nos partisans, il se trouverait des hommes assez populaires, pour nous ramener la nation.

— Oui, Sire, il en est, et M. de Chabrol vous les avait désignés avant que vous formassiez le ministère étrange avec lequel votre majesté ose méditer un coup d'État qui peut ébranler la monarchie. En effet, que votre majesté daigne considérer de qui elle se trouve entourée : un Montbel, un d'Hausset, un Capelle, hommes capables, peut-être, mais qui manquent de renommée; un Chantelause, théoricien-cosaque, qui, pour tout obtenir, me paraît disposé à tout risquer; un Peyronnet, ministre couvert des stigmates de la presse, et que l'on se montre au doigt comme le paillasse d'une parade.... Enfin, au fauteuil de ce conseil bigarré, un Polignac, à qui la tendresse de votre majesté prête le talent, l'expérience et la raison qu'il n'a pas, en ne se défiant point assez de l'amour-propre qu'il a, et des vues maladroites qu'il peut avoir.... Sire, était-ce bien là les hommes dont vous deviez vous appuyer, pour tenter ce que feu Louis XVIII n'osa pas même aborder en projet.

— J'avais songé à M. de Châteaubriand, dont la popularité s'est fondée sur une disgrace, et qui est devenu l'idole des jeunes gens, parce qu'il grimace assez gentiment le patriotisme, quand sa réputation peut y gagner quelque chose.... mais ce poète a voulu m'imposer des conditions.

— Et lesquelles, Sire?

— Ne voulait-il pas que je le fisse duc.

— Les poètes aiment l'hyperbole; après tout je ne vois pas qu'il y eût à cela de grands inconvéniens. M. de Châteaubriand eût doré très-agréablement la pilule anti-constitutionnelle que votre majesté prépare...: Au temps où nous vivons, on veut de la poésie partout, et vous eussiez fait passer d'emblée votre coup d'État, en le poétisant.

— Il n'est plus temps de revenir là dessus; et, quoi qu'il arrive, je ne crois pas que l'auteur du *Génie du Christianisme*, malgré toutes les ressources de la poésie, fasse admettre, comme essentiellement chrétienne, la condition qu'il mettait à son entrée au ministère. On a beau *poétiser* l'ambition, il est difficile d'en faire une passion héroïque; M. de Châteaubriand, parce qu'il sait faire de belle prose, voulait me tenir la dragée haute; je me passerai de lui, et mon coup d'État s'accomplira.

— S'accomplira, c'est beaucoup dire, avec les ministres dont votre majesté a fait choix.

— Eh! Madame, si les hommes d'État me font défaut, les hommes d'exécution ne me manqueront pas....

— Ah! Sire, que venez-vous de dire! s'écria madame d'Angoulême avec l'accent de l'ame; votre majesté songerait-elle à faire soutenir son projet de réforme par les baïonnettes....

— Il suffira d'une énergique démonstration pour dissiper les bandes séditieuses que le comité directeur pourra faire descendre dans la rue.... Les parisiens crient beaucoup; ils n'agissent plus.... ont-ils bougé quand j'ai licencié la garde nationale?...

— Sire, la garde nationale n'est pas ce que l'on doit craindre; au 13 vendémiaire, Bonaparte en eut raison avec un coup de pied au derrière.... Mais le peuple du cinquième étage, le peuple des faubourgs, le peuple du 10 août enfin, voilà ce que vous devez redouter.... Songez, Sire, que, dans cette capitale, ce lion rugissant a deux cent mille têtes.

— Que dix mille hommes de ma garde bâillonneront aisément.

— Je vous en supplie, Sire, reprit en sanglotant Marie-Thérèse de France, que j'entendis se précipiter aux pieds du roi; je vous en supplie au nom de tout ce qui vous est cher, au nom de la France qui vous aime encore, renoncez au funeste dessein que des hommes sans portée vous ont fait concevoir, et dont ils n'arrêteraient pas un instant les terribles conséquences; car ils n'ont aucune force morale, aucune puissance de persuasion.... Et quant à l'intervention de la troupe, que votre majesté se rappelle le 10 août.... Sire, moins de six mois après ce jour fatal, la tête du roi, mon père, roulait sur l'échafaud.... Dussé-je encourir votre disgrace, je vous dirai tout ce que je prévois d'affreux dans l'exécution des ordonnances que vous méditez : d'un trait de plume votre majesté effacera les leçons de trente-huit années d'expérience...; et le lendemain du jour où elle aura signé, le peuple de 92 sera debout.

— Soit, le duc de Raguse, à la tête de ma garde, recevra les factieux....

— Le duc de Raguse! Ah! Sire, ce sera le complément des fatalités que votre majesté aura réunies sur sa tête.... ne sait-elle donc pas que le nom seul de Marmont est pour les Français un ferment de colère. S'il paraît à la tête des troupes, sa présence doublera, en quelques heures, le nombre des révoltés....

— Ma fille, on vous a depuis quelque temps inculqué des principes pernicieux.... voilà ce que c'est que d'accorder sa confiance à des gens de rien : ils en mésusent pour vous pervertir.... vous êtes devenue peuple.... Madame, continua Charles X, avec une transition d'accent qui annonça à la dauphine qu'il allait se retrancher derrière sa dignité souveraine, il est de *notre* volonté royale que vous quittiez immédiatement Paris.... Votre altesse a besoin de prendre les eaux; nous lui ordonnons de se rendre au Mont-d'Or, avec défense de reparaître à la cour sans notre ordre.... Il nous est douloureux de reconnaître dans la fille de Lous XVI, notre malheureux frère, des sentimens que, grace au Ciel, le dauphin, notre fils bien-aimé, ne partage point.... Il est toujours, lui, le digne petit-fils de Henri IV....

Marie-Thérèse de France sortit en haussant les épaules; je la vis traverser les appartemens: son altesse avait le visage en feu, les yeux rouges, gonflés et larmoyans; elle marchait avec précipitation, et dit à plusieurs personnes de sa suite qu'elle trouva sur son passage.... Allons, des chevaux.... des chevaux.... Madame la dauphine ne rentra pas dans ses appartemens; d'une croisée ouverte de la salle du trône, je la vis s'élancer dans sa voiture de voyage.... Elle allait partir; le premier coup de fouet des postillons avait retenti, lorsqu'un monsieur en frac noir se présenta à la portière.

— Hé bien, Madame?... dit-il avec l'accent de l'interrogation.

— Rien, mon ami, répondit la duchesse.... c'est une barre de fer.

— Dieu nous protége! dit le monsieur en levant les yeux au ciel... puis, s'appuyant tout-à-fait sur la portière, il ajouta : Avant une heure, je suis en chaise de poste.

Les voitures partirent.

. . . .

. . . .

Peu de jours après cette scène matinale, une paysanne aux traits nobles et fortement prononcés, qu'accompagnait un homme jeune encore, également vêtu en paysan, traversa avec rapidité une partie des départemens de l'Yonne, de Seine-et-Marne, de Seine-et-Oise, en suivant des chemins détournés, tantôt dans de mauvaises voitures, tantôt à cheval.... A sa droite le canon tonnait, et d'incessantes fusillades, quelquefois puissantes, quelquefois semblables au déchirement d'une étoffe, se mêlaient au bruit de l'artillerie.... A chacune des détonations la paysanne frémissait et s'écriait! Ah! vous me l'aviez bien dit.

Cette paysanne était madame la duchesse d'Angoulême, rejoignant, voyageuse furtive, un souverain dont elle n'avait pu prévenir la funeste destinée, quoiqu'elle l'eût prévue... Son altesse royale, inspirée alors par cette haute vertu qui résidait en elle, ne voulait pas manquer au rendez-vous du malheur.... Lorsqu'elle arriva près de Charles X, dans cette demeure royale, devenue le dernier asile de la royauté fugitive, quelques coups de fusil se faisaient entendre dans les bois environnans; et quand, les larmes aux yeux, le désespoir au cœur, elle entra dans l'appartement du roi, M. le duc d'Angoulême s'occupait avec inquiétude d'un petit *bobo*, qu'il s'était fait au doigt en voulant briser, sur le pommeau de sa selle, l'épée défaillante de Marmont.... Dans ce même instant le roi s'écriait : — « Eh! Messieurs, empêchez qu'on ne tire ainsi dans « la forêt; si cela continue, il n'y restera pas

« une pièce de gibier. » Une histoire en dix volumes ne peindrait pas mieux Charles X.

Et lorsqu'une nouvelle cour vint remplacer aux Tuileries les chauves-souris qui, pendant un assez long espace de temps, avaient tenu leurs grands jours dans cette demeure royale, une sorte de majordome, d'intendant, de maître-d'hôtel, ou quelque chose d'analogue; haut domestique ayant l'administration du logis, et s'occupant de tous les détails, depuis l'achat du vin de Champagne jusqu'au règlement des mémoires de la blanchisseuse; un factotum universel, en un mot, me fit venir, et me demanda ma soumission pour le frottage à forfait du château; ne me cachant point que cette entreprise serait donnée au rabais... Je répondis à l'étrange successeur du grand-maréchal Duroc et du *grand-maître*, prince de Condé, que je le suppliais de vouloir bien me mettre hors de concours. J'ajoutai : « Lorsque le consulat prit possession de ce palais, je ne manquais encore ni de force ni de jeunesse, et pourtant j'eus beaucoup de peine à effacer, sur le parquet des appartemens, le sang répandu le 10 août 1792. Aujourd'hui, Monsieur, je suis trop vieux pour enlever de ce même parquet le sang du 29 juillet 1830. A force de persévérance et d'adresse, je pourrais peut-être faire briller ce bois sanglant ; mais je déplorerais un si triste éclat, et je suis certain qu'il n'abuserait personne.

Moi, que, par la plus malheureuse inspiration de vanité, l'honnête frotteur dont vous venez de lire les mémoires, lança dans le barreau, afin de pouvoir dire un jour : *mon fils l'avocat,* je fus bien affligé de ne pouvoir continuer aux Tuileries les humbles fonctions de mon père. Je me serais trouvé appelé ainsi à la succession d'un homme estimé parmi les frotteurs : le *primus inter pares* de l'état, l'oracle du corps, l'homme, en un mot, qui, vers la fin du dix-huitième siècle, serait devenu avocat *en* et même avocat *au* parlement, plus facilement que je ne deviendrais aujourd'hui maître-clerc d'avoué, si, pour carotter quelques pièces de cent sous, je voulais renoncer à l'éternelle expectative où je me tiens, avec environ trois mille de mes confrères... Jamais le parquet ou le carreau ne manqua au frotteur intelligent et laborieux; et rien de fugitif comme les causes, pour l'avocat qui n'a pas su profiter des évènemens de 1830 pour devenir ministre.

Voilà ce que je me disais un matin de l'automne dernier, dans la plus que modeste retraite que je me suis choisie à Belleville, par cette intimation d'utile économie, que l'on qualifie, en avisé Gascon, de besoin de respirer le grand air, ou d'amour passionné des délices champêtres. La brise, déjà fraîche, des matinées agitait les pampres et les tiges de jasmin dont la façade de mon humble pavillon est tapissée; quelques rameaux se jouaient avec un bruit léger sur les vitres de ma chambre, et brisaient à mes yeux les rayons, encore incertains, du soleil levant. Je réfléchissais tristement sur ma couche un peu dure, et je me disais, avec un écrivain moderne dont les ouvrages me plaisent : « J'ai passé l'âge (Parny eût dit le mois) où tout est plaisir :

rêves, illusions, chimères, et même réalités d'un charme douteux, d'une saveur aigre-douce. Mes songes ne m'offrent plus ces richesses, ces palais, ces groupes de beautés agaçantes, dont le sommeil de la jeunesse est semé comme un conte oriental. J'ai vu s'évanouir cette perspective d'espérances fantastiques, où les imaginations de vingt ans se dessinent un avenir prodigue d'épaulettes, rutilant de broderies, comble d'équipages, de châteaux, et tout parfumé de cette gloire vaporeuse, espèce d'ambroisie sans consistance, qui nous affriande tous, et qui ne nourrit personne. Le temps me laisse voir aujourd'hui la vie dépouillée de son clinquant trompeur : elle s'offre à ma vue, laide, menaçante, et me montre, de son doigt amaigri, le seul repos réel au delà de l'existence. »

Je m'étais levé, j'avais ouvert ma croisée, et je continuai : Là-bas est Paris, cité de déceptions et d'intrigues, où l'homme n'est aperçu que s'il éblouit; où le succès ne s'obtient qu'à prix d'or ou de honteuse subtilité... Hélas! je ne figurerai jamais dans ce tourbillon de passions actives que parmi les niais, dépourvus de savoir-faire, et conséquemment de crédit... A ma gauche, le cimetière de l'est étend sur un plan incliné sa ville de tombeaux, que les ombres habitent sans la remplir... Au moins le chemin en est court, facile : un léger détour de *ma direction ordinaire*, et j'y suis. Le voyageur qui depuis long-temps marche au travers des halliers, ne doit pas être fâché d'entrevoir le but...

— Trève, trève de plaintes; Jérémie ne fut qu'un pauvre diable de prophète, parce qu'il passa ses jours à pleurer. — Ceci fut articulé par une voix bien connue, au moment où deux gros soupirs fermaient la série de mes réflexions à la Young... C'était mon père.

Je me sentis honteux de mon découragement, en présence de ce bon vieillard, qui avait traversé si péniblement la vie sur son coursier de crin, et qui, presque indigent au terme de sa soixante-dixième année, m'apparaissait gai, jovial et fort contre l'adversité.

— Eh bien! mon fils, les causes?

— De plus en plus rares, mon père... On

dirait que ma robe est l'épouvantail des cliens.

— C'est elle qui ne sait pas son métier, car toi, mon fils, tu sais le tien.

— Non, mon père, je ne sais que ma profession...

— Ah ! je te comprends : tu n'as pas l'art de te faire *mousser*. Allons décidément, mon cher Édouard, il faut que tu deviennes journaliste, parce qu'alors tes confrères se chargeront de ta réputation, par réciprocité de ce que tu feras pour la leur, ou contre celle de leurs rivaux.

— Mon père, je n'ai pas de dispositions à louer ce qui est mal, et je me sens tout-à-fait incapable de décrier ce qui est bien.

— En attendant que cela te vienne, je t'apporte de l'ouvrage...

— Quoi donc, mon père?

—Mes mémoires... Et le bon vieillard tira de sa poche un gros cahier roulé, crasseux, et gras d'une longue locomotion.

— Encore... Je vous l'ai dit vingt fois, mon père, il n'y a pas là chance de succès...

— Quoi ! des mémoires revus, corrigés et augmentés par toi, mon fils l'avocat !

— Je vous le répète, vous ne trouverez pas un éditeur.

— Non, car je l'ai trouvé.

— Ah ! bah !

— Si vous voulez bien me le permettre, mon fils ; un éditeur, et deux bons mille francs.

— En billets, je parie ?

— Laisse donc, est-ce que je voudrais donner mon manuscrit pour rien. Deux mille francs en pièces de cent sous, bien et dûment cordonnées.

— Ce placement m'étonne ; je ne croyais pas que l'on pût acheter les mémoires d'un frotteur.

— Voilà précisément ce qui te trompe, et si tu ne vivais pas ici comme le rat de la fable retiré dans son fromage, tu saurais qu'aujourd'hui le peuple fait fureur in-8°. Ni les libraires, ni le public ne veulent plus de révélations titrées. Les ducs, les duchesses, les maréchaux, les marquises, ne trouvent que des oreilles indifférentes au confessionnal de la génération contemporaine ; on se défie de tous ces illustres fabricans de vérités refaites. Le musc dont leurs pages sont imprégnées affadit le cœur.... et les manuscrits qui sentent la poix sont en hausse... Il y a six mois encore, nul mémorialiste ne vendait son œuvre sans avoir exhibé ses parchemins ; maintenant, si vous n'avez pas le pouce renversé en arrière de l'honorable savetier, ou la marche déhanchée du garçon tailleur, le libraire-éditeur, à l'appui du cahier crasseux que vous lui portez, serait bien tenté de vous demander des lettres de roture... Il est reconnu jusqu'à l'évidence que la vérité est prolétaire, ce qui ne la dispense pas d'être philosophe.... Ainsi, mon garçon, remets tout mon rabâchage sur le métier ; revois, ajoute, refonds une troisième, peut-être une quatrième fois : te voilà certain de ne pas travailler pour le roi de Prusse.

L'auteur de mes jours conservait l'usage des poches larges et profondes : il sortit de celle d'où il venait de tirer son manuscrit, une bouteille d'excellent Beaune, achetée hors barrière; de l'autre il fit surgir une livre de jambon proprement enveloppée ; nous nous mîmes à déjeuner... préalable des travaux littéraires, dont tous les auteurs ne sont pas, hélas ! exactement favorisés... Après ce repas matinal, je me sentis en verve, et je me pris à revoir une dernière fois les mémoires de mon père le frotteur.

Il fallait vraiment aborder cette tâche avec un certain courage: Mon père, ainsi que M. Al. Dumas, avait écrit sur du papier de toute couleur et de toute dimension ; dans ce fatras omniforme, omnicolore, toujours disposé à se rouler, parce que depuis deux ans il formait un rouleau nomade, il ne se trouvait guère que les copies que j'avais faites des écrits du sténographe qui fussent à peu près lisibles; je me décidai à recopier le tout.

Je dois dire ici qu'en m'efforçant de rendre ces mémoires corrects, je me suis, autant que possible, abstenu d'en changer l'esprit. On y remarquera, je l'espère, un tact d'observation, une aptitude de jugement, et même une portée philosophique, qui appartiennent en entier à mon père le frotteur. Je ne crois pas que cela lui soit venu parce qu'il frotta, dans sa première jeunesse, chez quelques encyclopédistes, et chez le sieur Pankoucke, leur libraire... mais il a vu tant d'hommes, tant d'intrigues, tant d'évènemens! L'expérience ressemble à ces arbres sur lesquels on peut enter tous les germes, avec la presque certitude qu'ils produiront des fruits.

Lorsque le manuscrit fut revu, recorrigé, recopié, je le lus avec une grande attention, et je crus reconnaître qu'il y manquait quelque chose encore. Je me dis : Ces mémoires se trouvent dans la situation d'un vaudeville de début, avant la retouche de M. Scribe; donnons-leur un parrain. Sans beaucoup de recherches, je trouvai l'écrivain qu'il me fallait; circonstance assez rare, je le trouvai désintéressé : il n'en coûta rien à mon père pour les frais de baptême; et je fus assuré, circonstance bien plus rare encore, que mon ami, le réviseur, ne déchirerait pas notre livre dans les journaux, quoiqu'il fût lui-même auteur de mémoires et de romans.

FIN.

CHARLES LACHAPELLE, ÉDITEUR
75, Rue Saint-Jacques.

MÉMOIRES
DE
LA MORT,
PAR
CARLE LEDHUY.

4 BEAUX VOLUMES IN-8° DIVISÉS EN DEUX LIVRAISONS PARAISSANT DE MOIS EN MOIS.

Ce titre est bizarre, on ne saurait le dissimuler; et il deviendra sans doute le prétexte de plus d'une critique, de plus d'un quolibet même. Mais ces attaques des esprits superficiels qui s'en prennent à un titre seront sans influence sur le sort de l'ouvrage. Le livre que nous annonçons joint à l'attrait vif et saisissant du roman, des qualités qui appelleront nécessairement sur lui l'attention des moralistes aussi bien que celle des hommes littéraires. Comme on le pressent, les *Mémoires de la Mort* ne seront autre chose que des révélations sur la vie. Il n'y a plus d'illusion, plus de mensonges possibles en présence de cette puissance éternelle qui enlève l'une après l'autre les générations terrestres; la Mort, en nous entraînant vers d'autres régions, emporte, avec notre essence intellectuelle, le secret de notre vie, la vérité sur les actes qui ont signalé notre passage dans le monde : pensées, actions, mystères, crimes accomplis ou désirés, penchans funeste, ou tendances sublimes, la tombe devient dépositaire de tout, et c'est la Mort seule qui arrache à l'Humanité sa confession la plus véridique. N'est-ce pas une pensée ingénieuse que celle de l'écrivain qui a entrepris cette publication? L'idée de personnifier la Mort, pour recevoir d'elle la confidence des mystères qu'elle a engloutis, n'est-elle pas éminemment philosophique? En admettant la fiction du romancier, on conçoit les ressources merveilleuses dont elle l'arme pour juger les époques et les hommes; l'esprit s'effraie même de l'immensité du tableau qu'elle peut nous convier à détailler. M. Carle Ledhuy a tranché la difficulté en restreignant par un choix judicieux les vastes enseignemens qu'il eût trouvés dans les siècles écoulés. Il a réservé toute la force dramatique de son esprit, toute la chaleur de son imagination, et aussi toute la sévérité de son investigation critique pour la peinture de l'époque où nous nous agitons. Le siècle est emporté avec une effrayante rapidité vers un avenir où l'attendent des tempêtes de plus d'une espèce. Il semble qu'un esprit de vertige nous jette irrésistiblement vers un cataclysme qu'un seul regard à l'horizon nous ferait apercevoir.

Une puissance malfaisante a répandu l'hallucination sur les ames les plus fortement trempées; l'erreur, ou, ce qui est cent fois pis, l'indifférence dans un certain ordre d'idées, la soif de l'or, l'abrutissement des plus nobles facultés de l'homme, une pensée inquiète qui semble nous crier : Marche! marche! sans nous dire où nous pourrons nous reposer de notre course désordonnée : telle est, fort incomplètement encore, la physionomie que l'histoire donnera à l'époque présente. Or, n'est-ce pas un devoir pour l'homme profondément ému de cette dégradation d'une société entière, de consacrer son intelligence au combat du fléau? Oui, c'est un devoir que commandent l'observation et l'expérience acquise dans le danger même, au prix peut-être de bien des veilles et des déceptions. Il faut dire à notre société: Arrête-toi! arrête-toi, car tu heurtes dans ton aveuglement les croyances, les barrières sans lesquelles tu ne peux exister. Arrête-toi! car tu détruis sans réédifier, tu marches au néant, ne laissant après toi que ruines morales et matérielles. Mais quelle voix sérieuse se peut faire entendre au milieu de ce tourbillon confus? Les grandes voix des moralistes semblent éteintes pour jamais; peut-être se sont-elles fatiguées à moriginer une époque inattentive? La sévérité aride de leurs enseignemens n'a-t-elle pas aussi contribué à leur inefficacité? On ne change pas violemment les tendances d'une société; il faut la préparer longuement à ce changement ; il ne faut pas espérer guérir tout à coup sa maladie, mais en modifier les élémens. Ce n'est pas non plus dans la masse qu'il convient d'attaquer une perturbation sociale : c'est aux individualités que doivent s'adresser les préceptes. Pour corriger peu à peu les hommes, il faut les séduire d'abord en paraissant flatter leurs travers. Il faut employer le langage de leurs passions, pour captiver leur intelligence ; c'est dans ces conditions seulement qu'on peut espérer quelques succès. Le roman, mieux encore que la scène, est propre à remplir ce but. Il pénètre partout, toutes les mains l'ouvrent et le parcourent, toutes les classes de la société le lisent avec une passion qui, dans ces dernières années, tient de la frénésie: c'est donc le roman qui doit servir à la moralisation de l'époque : il faut flatter le siècle, et lui faire entendre la vérité sous la forme fictive qu'il aime.

Telle est la pensée qui a engagé M. Carle Ledhuy à entreprendre ce nouvel ouvrage. L'œuvre est immense, et le jeune écrivain s'était d'abord défié de ses forces ; mais de puissantes sollicitations l'ayant encouragé, il est entré en lice avec les erreurs du siècle. Son talent est connu ; on sait aussi à quelles combinaisons dramatiques son imagination peut s'élever ; on peut donc prédire que ses récits, présentés sous des formes tantôt terribles, tantôt piquantes, obtiendront une vogue qui tournera au profit de tous. Il faut seulement pour cela que le siècle l'écoute en marchant.

www.ingramcontent.com/pod-product-compliance
Ingram Content Group UK Ltd.
Pitfield, Milton Keynes, MK11 3LW, UK
UKHW020602230726
13926UKWH00005B/2148

9 782013 657334